지식의 기초

도서출판 말씀과만남은 그리스도인들과 세상 모든 사람들이
하나님의 말씀과 만나 그 생각이 새로워지고 그 삶이 풍성해지도록 돕고 있습니다.

The Malsseum & Mannam Publishing House is helping Christians and men in the world to
meet with God's Word so that they may have their spirits renewed and have an abundant life.

지식의 기초

강 기 호 지음

1판 1쇄 / 2006. 3. 5
발행처 / 말씀과만남
발행인 / 최 헌 근
등록번호 / 제20-444호
등록일자 / 1991. 6. 19

138-220 서울특별시 송파구 잠실동 339-3
Tel : (031) 594-6327, Fax : (031) 594-6328
전자우편 : mmpress@hanmail.net

ISBN 89-7508-159-1 (03230)

정가 : 6,000원

잘못된 책은 바꾸어 드립니다.

The Basis Of Knowledge

지식의 기초

강 기 호 지음

말씀과만남

　이 책은 대학에서 기독교개론을 듣는 학생들을 위해 썼다. 대학에서 기독교개론을 강의하면서 적당한 교재가 없어서 불편했다. 학생들도 불편하기는 마찬가지였다. 고민 끝에 대학생들이 읽을 만한 개론서를 쓰기로 마음먹었다. 지난 해 장경철 목사님이 개론서를 한 권 집필할 목적으로 여러 명의 목사님들과 모임을 주선하며 수고를 했으나 결과물을 내지 못하셨다. 고민 끝에 지난 번 강의했던 것을 기초로 글을 썼다. 학생들이 하나님을 알고, 기독교를 알아가는 데 참고할 만한 자료가 되었으면 하는 마음 간절하다.

　책을 내게 되면서 제목을 무엇으로 할까 고민했다. '지식의 기초'라 이름 붙였다. 구약성경 잠언 1장 7절에 "여호와를 경외하는 것이 지식의 근본이어늘 미련한 자는 지혜와 훈계를 멸시하느니라"라는 말씀이 나온다. 그렇다. 지식의 기초는 하나님을 알고, 경외하는 것이다. 그 위에 세워진 학문의 세계는 견고할 것이나 다른 것 위에 세워진 상아탑은 쉽게 무너질 위험이 있다. 하나님에 대해 공부하는 이 과목이 모든 학생들이 습득하는 지식의 기초가 되기를 바라는 마음에서 책 제목을 '지식의 기초'라 이름 붙였다.

이 책이 나올 수 있도록 협력해주신 장경철 목사님, 이신호 전도사님, 그리고 출판사 최헌근 사장님께 감사드린다. 아무쪼록 학생들이 하나님을 아는 데 보탬이 되기를 바라는 마음 간절하다.

글쓴이 강기술

01 교회란 무엇인가?

1. 교회란 무엇인가?

교회라는 단어 큐리아코스는 어원적으로 주님께 속했다는 뜻이다. 그리스도께 속한 사람들의 모임이 교회다. 예수를 구주로 고백하는 사람들이 모여 예배하는 곳이 교회다.

2. 두 종류의 교회

흔히 교회는 두 가지로 대별된다. 보이는 교회와 보이지 않는 교회가 그것이다. 보이는 교회는 건물로서의 교회요, 보이지 않는 교회는 예수를 구주로 고백하는 사람들의 우주적이고도 보편적인 모임이다.

1) 보이는 교회

역사적으로 보이는 교회는 몇 가지 발전단계를 거쳐 왔다.

a. 성막 교회

하나님은 출애굽 한 이스라엘 백성들에게 성막을 짓게 하셨
다. 성막은 임마누엘의 상징이었다. 하나님이 인간들과 함
께 계시다는 가장 구체적인 증거였다.

b. 성전

성막은 솔로몬에 이르러 고정된 건축물로 자리하게 된다.
이스라엘의 3대 왕이었던 솔로몬은 그가 왕위에 오르면서
성막을 없애고 성전을 지었다. 그것이 건축물로서 교회의
첫 번째 모습이었다.

c. 회당

이스라엘 백성들이 나라를 잃고 흩어지면서 그들은 성전을
그리워했다. 그리고 하나님의 백성을 교육할 공간을 필요로
했다. 성전은 예루살렘에 있었으므로 또 다시 지을 수는 없
었다. 그리하여 만들어진 것이 회당이다. 회당에 모여 하나
님의 말씀을 가르쳤다.

d. 교회

예수께서 승천하신 후 제자들은 근동지역에서 복음을 전하

기 시작했다. 처음에는 회당을 빌려서 모이거나 가정집에서 모였는데 시간이 흐르면서 예배하는 공간을 필요로 했다. 그것이 건물로서의 교회이다. 교회는 엄밀히 말하면 예배당이었다. 예배당은 임마누엘의 상징으로 존재하고 있다.

2) 보이지 않는 교회

보이지 않는 교회는 건물로서의 교회와는 다른 개념이다. 생각해보면 건물이 교회라고 하기는 어렵다. 교회는 예수를 구주로 고백하는 사람들의 모임이기 때문이다.

3. 현대적 의미의 교회는 어떻게 시작되었는가?

예수께서 십자가에 죽으신 후 그의 제자들은 흩어지고 말았다. 부활하신 예수께서 흩어진 제자들을 찾아 나섰다. 그리고 말씀하셨다. "약속한 것을 기다리라" 120여 성도들이 마가의 다락방에 모여 예수께서 말씀하신 것을 기다렸다. 기다렸던 성령께서 비둘기같이 임하셨다. 이 놀라운 사건을 계기로 제자들과 성도들은 담대해졌다. 그리스도 십자가의 죽음과 그 의미를 선포했다. 많은 사람들이 주께 돌아왔다. 그들이 모여 교회를 설립했다. 예루살렘교회, 안디옥교회, 그리고 소아시아지역에 있었던 7교회 등 여러 교회들이 세워지기 시작했다. 그 교회들이 현대적 의미에서 본 교회다.

4. 종파로서의 교회

기독교에는 로마 가톨릭과 희랍 정교회, 그리고 개신교가 있다. 예수께서 승천하신 후 탄생한 교회는 성장을 거듭하면서 동방 정교회와 로마 가톨릭으로 나뉘게 되었다. 둘로 나뉘게 된 이유는 서로 중심을 둔 지역과 언어의 차이에서 시작하여 관심사가 달랐다. 자연스럽게 로마를 중심으로 한 가톨릭과 콘스탄티노플(이스탄불)을 중심으로 한 희랍 정교회로 분리되었다. 15세기 터키 군이 콘스탄티노플을 점령하자 소피아대감독이 러시아로 피난을 갔고, 이후 정교에는 러시아를 중심으로 자리를 잡았다.

로마에 뿌리를 내린 가톨릭은 베드로 성당을 짓기 위해 모금을 하면서 면죄부를 팔았다. 면죄부를 사면 연옥에 있던 영혼이 천국으로 올라간다면서 죽은 자를 위해 면죄부를 사도록 독려했다. 마틴 루터는 이 행위가 기독교 신앙과는 동떨어진 것이라고 비판했다. 구원은 "오직 믿음"에 의해 가능한 것이라고 주장했다. 이런 움직임은 개신교의 태동으로 이어졌다.

개신교는 이후 다양한 종파로 나뉘게 되었는데 루터교, 장로교, 감리교, 침례교 등 매우 다양한 교파가 생겨났다. 교파가 많은 것 때문에 때로 비판을 받기도 하지만 그것이 교회의 생명력을 약화시키

는 것은 아니다. 오히려 다양성 속에서 교회는 발전하고, 성장하고
있다.

5. 교회의 의미

교회를 어떻게 이해해야 하는가? 이것은 매우 중요한 문제가 된다.
어떤 이는 교회를 구제기관인 것처럼 말한다. 교회가 구제를 하지만
구제기관은 아니다. 교육기관인 것처럼 말하는 이도 있다. 교회가 교
육을 하지만 학원은 아니다. 그렇다면 교회란 어떤 곳인가?

1) 교회는 방주와 같다.

노아의 방주 안에는 사람들뿐 아니라 짐승들도 있었다. 밖에
는 홍수가 나서 방주 안에 들어오긴 했지만 그 안에는 온갖 악
취가 났다. 구원이 있기에 들어왔지만 여러 가지로 문제가 많
은 공간이었다.

2) 교회는 주유소와 같다.

자동차는 기름을 넣어야 굴러간다. 아무리 좋은 차라도 기름
을 넣지 않으면 굴러가지 않는다. 사람도 에너지를 공급받아

야 한다. 영적 에너지를 공급받는 곳, 그곳이 교회이다.

3) 교회는 작전타임을 하는 곳이다.

운동 경기를 하는 선수들은 경기가 시작되면 계속적으로 코치의 지시를 받는다. 어떤 때는 작전타임을 얻어 경기의 운영방식을 코치 받는다. 교회는 성령의 코치를 받아 운동경기를 하는 곳이다.

4) 교회는 식당과 같다.

식당은 음식을 공급해주는 곳이다. 양식을 주어 사람들로 하여금 먹고 힘을 얻게 한다. 교회는 영적 양식을 공급하는 곳이다. 그 양식을 먹고 영혼이 새 힘을 얻는다.

5) 교회는 예수 그리스도가 누워계시는 말구유간이다.

말구유는 말이 사는 곳이다. 말이 살고 있어서 온갖 지저분한 것이 가득 들어있다. 이 지저분한 마구간의 구유에 아기 예수가 누워있다. 이 마구간의 가치는 그 안에 있는 지푸라기에 있는 것이 아니라 그 안에 누워계시는 아기 예수께 있다. 그 분이 이 마구간의 가치를 높여주신다.

6. 교회 가기 싫은 이유

20세기를 빛낸 인물 가운데 한 명을 꼽을 때 인도의 성자 간디가 꼽힌다. 그는 인도의 독립운동을 할 때 무저항, 비폭력운동으로 나라를 되찾은 인물이었다. 그리고 그의 행동강령은 예수의 산상수훈이었다. 예수의 말씀을 근간으로 독립운동을 펼쳤다.

그러면 간디는 기독교인이었는가? 그는 예수의 정신을 따라 살았지만 교회에 나가지는 않았다. 왜 그랬을까? 그 이유는 이렇다. 간디가 영국에서 유학하던 시절 선교사의 안내로 교회에 간 적이 있었다. 당시만 해도 인도는 영국의 식민통치를 받고 있던 시절이었는데 예배당에 들어서자 안내하는 이들이 간디를 문 밖으로 내몰았다. 유색인이라는 이유에서뿐만 아니라 식민국가의 천민이라 여겨졌기 때문이었다. 결국 예배당 안으로 들어가지 못했다. 이 일이 계기가 되어 간디는 교회에 나가지 않았다. 예수는 좋았지만 교회 다니는 사람들이 싫었던 것이다.

그와 같은 현상은 현재의 교회 안에도 여전히 존재하고 있다. 교회 안에는 신자와 환자가 함께 있기 때문이다. 이만재는 그가 쓴 교회 가기 싫은 77가지 이유에서 사람들이 교회에 가기 싫은 이유에 대해 말한 바 있다. 몇 가지만 소개해 보겠다.

1) 노방전도 모습 보면 만정이 딱 떨어진다.

2) 타종교, 타종파에 너무 배타적이다.

3) 교회는 너무 시끄럽다.

4) 이중인격자가 많아 싫다.

5) 하나님만 믿으면 되지 않나

7. 교회나 교회 다니는 사람보다 먼저 알아야할 하나님

우리는 교회 다니는 사람이나 어떤 교회가 하는 행위를 보고 하나님에 대해 혹은 기독교에 대한 이미지를 갖게 된다. 그 이미지는 좋을 수도 있고, 그렇지 않을 수도 있다. 그 전 이해를 내려놓고 기독교와 하나님에 대해 공부해보는 시간을 갖는 것은 매우 의미 있는 시간이 될 것이다. 왜냐하면 이 공부는 하나님에 대해서 뿐 아니라 자기 자신에 대한 공부가 되기 때문이다.

존 칼빈은 이런 말을 한 바 있다. "산다는 것은 무엇인가? 그것은 나 자신이 누구인가를 알아가는 것이다. 어떻게 하면 나 자신을 알 수 있는가? 하나님이 어떤 분인지 알게 될 때 내가 누구인지 알 수 있다" 그렇다. 하나님을 알게 될 때, 그 분의 사랑과 사람을 만드신

이유를 알 때 내가 누구인지 알게 된다. 그것은 모든 공부의 기초이
며 시작이다.

memo

02 성부 하나님

1. 하나님은 누구신가?

창세기 1:1에 "태초에 하나님이 천지를 창조하시니라"고 했다. 하나님은 천지를 창조하신 분이다. 창조자 하나님은 있던 것을 없게 하시고, 없던 것을 있게 하신다. 그 하나님이 성부 하나님이시다. 성부 하나님을 지칭하는 단어로 성경에는 엘로힘, 엘샤다이, 여호와(스스로 계시는 분)등 다양한 용어가 사용되었다. 그것은 한 분 하나님에 대한 독특한 특징을 묘사한 개념이라고 보면 된다. 성부 하나님은 어떤 분인가? 이 세상에 존재하는 모든 것을 창조하신 분이다.

2. 창조된 순서

창세기 1장에는 이 세상이 만들어진 순서가 자세히 소개되어 있다.

먼저 창세기 말씀을 읽어보자. 창세기 1: 1-5, 27-31을 읽어보자.

1-5, 태초에 하나님이 천지를 창조하시니라 땅이 혼돈하고 공허하며 흑암이 깊음 위에 있고 하나님의 영은 수면 위에 운행하시니라 하나님이 이르시되 빛이 있으라 하시니 빛이 있었고 빛이 하나님이 보시기에 좋았더라 하나님이 빛과 어둠을 나누사 하나님이 빛을 낮이라 부르시고 어둠을 밤이라 부르시니라 저녁이 되고 아침이 되니 이는 첫째 날이니라

27-31, 하나님이 자기 형상 곧 하나님의 형상대로 사람을 창조하시되 남자와 여자를 창조하시고 하나님이 그들에게 복을 주시며 하나님이 그들에게 이르시되 생육하고 번성하여 땅에 충만하라, 땅을 정복하라, 바다의 물고기와 하늘의 새와 땅에 움직이는 모든 생물을 다스리라 하시니라 하나님이 이르시되 내가 온 지면의 씨 맺는 모든 채소와 씨가진 열매 맺는 모든 나무를 너희에게 주노니 너희의 먹을거리가 되리라 또 땅의 모든 짐승과 하늘의 모든 새와 생명이 있어 땅에 기는 모든 것에게는 내가 모든 푸른 풀을 먹을거리로 주노라 하시니 그대로 되니라?하나님이 지으신 그 모든 것을 보시니 보시기에 심히 좋았더라 저녁이 되고 아침이 되니 이는 여섯째 날이니라

혼돈과 공허함이 있던 땅에 하나님은 맨 먼저 빛을 창조하셨다. 그

다음 날에는 궁창(하늘)을, 그 다음 날에는 땅과 식물을, 그 다음날에는 일월성신을, 그 다음 날에는 어류와 조류를 그리고 마지막 여섯째 날에는 동물과 사람을 만드셨다.

3. 사람의 창조

하나님은 6일째 되던 날 사람을 창조하셨다. 먼저 사람을 창조하시고 다스림을 명하셨다. 첫 사람 아담은 하나님의 명령을 따라 온갖 식물과 동물의 이름을 만들고, 열심히 일했다. 하지만 외로웠다. 동물로는 채워지지 않는 고독이 있었다. 하나님은 아담을 측은히 여기셨다. 하와를 만들어주셨다. 둘이 사랑하며 행복하게 살게 해주셨다. 남자와 여자, 둘은 서로 다른 존재다. 생긴 것도 다르고, 생각하는 것도 다르고, 문제를 풀어가는 방식도 다르다. 이렇게 다른 두 사람에게 하나님은 하나가 되라고 하셨다. 둘이 하나가 될 때 사람은 온전해진다. 둘이 하나가 되어 가정을 이루게 첫 사람들은 에덴이란 동산에 살게 되었다.

4. 하나님께서 사람을 창조하신 이유는 무엇일까?

사랑하셔서 창조하셨다. 사랑의 관계는 언제나 쌍방적이다. 일방적인 관계는 사랑의 관계라 하기 어렵다. 부부는 서로 사랑해야 한다. 부모와 자식도 서로 사랑해야 한다. 그것은 결코 일방적일 수 없다. 하나님은 사랑하셔서 사람들을 만드셨다. 그리고 사랑하며 살기를 원하셨다. 사람들이 하나님을 사랑하고, 하나님도 사람을 사랑하며 살기를 원하셨다. 그 소원을 따라 사람을 창조하신 것이다. 그 사랑의 관계를 통해 영광(기쁨)을 얻기 바라셨다.

5. 하나님께 영광이 되는 가장 구체적인 방법은 무엇일까?

릭 워렌은 하나님께 영광(기쁨)이 되는 구체적인 방법이 5가지 있다고 했다.

1) 예배하며 살 때 기뻐하신다.

2) 하나님의 가족이 되기를 원하신다. 하나님의 가족으로 살아갈 때 기뻐하신다.

3) 그리스도를 닮아 살기를 기대하신다.

4) 섬기며 살 때 기뻐하신다.

5) 하나님에 대해 말하는 것을 기뻐하신다.

7. 성부 하나님은 어떤 분인가?

인간을 창조하시고, 인간과 사랑의 관계를 유지하며 살기 원하시는 그 하나님은 어떤 분인가? 우리는 성경에서 성부 하나님의 독특한 특징을 찾아볼 수 있다. 몇 가지로 정리하며 보면 다음과 같다.

1) 하나님은 자존하신다.

출 3:14, "하나님이 모세에게 이르시되 나는 스스로 있는 자이니라 또 이르시되 너는 이스라엘 자손에게 이같이 이르기를 스스로 있는 자가 나를 너희에게 보내셨다 하라"고 했다. 하나님은 스스로 존재하시는 분이다. 피조 된 인간과는 다르다. 하나님은 스스로 존재하신다. 누군가 낳아준 분이 있거나 만들어준 분이 있었던 것이 아니라 스스로 존재하신다. 미디

안 광야에서 목동으로 지내고 있던 모세에게 나타난 하나님은 자신을 '야훼'(스스로 있는 자)라고 밝히셨다.

2) 하나님은 능력이 많으시다.

습 3:17, "너의 하나님 여호와가 너의 가운데에 계시니 그는 구원을 베푸실 전능자이시라 그가 너로 말미암아 기쁨을 이기지 못하시며 너를 잠잠히 사랑하시며 너로 말미암아 즐거이 부르며 기뻐하시리라 하리라"고 했다. 하님은 전능자라는 것이다. 능력이 많으신 분이라는 말씀이다. 능력이란 무엇인가? 감당할 수 있는 힘을 의미한다. 시간과 범위에 있어서 얼마나 감당하느냐 하는 것이 능력이다. 하나님의 능력은 얼마나 될까? 무한하다. 하나님은 능력이 많으신 분이다.

3) 하나님은 사랑이시다.

요일 4:16, "하나님이 우리를 사랑하시는 사랑을 우리가 알고 믿었노니 하나님은 사랑이시라 사랑 안에 거하는 자는 하나님 안에 거하고 하나님도 그의 안에 거하시느니라" 하나님은 사랑이라 정의되고 있다. 하나님의 사랑은 인간의 살과는 다르다. 인간의 사랑은 상대방의 매력을 보고 시작하여 실망스러운 사건으로 끝나버리는 경우가 많다. 그러나 하나님의 사랑은 대상의 매력에서 시작하지 않는다. 하나님은 사랑하여 매력 있는 사람을 만드신다. 뿐만 아니라 하나님은 상처 입으면서도 여전히 사랑하신다. 독생자를 주시기까지 인간을 사랑하시는 분, 그 분이 하나님이시다.

4) 하나님은 의로우시다.

롬 3:26, "곧 이 때에 자기의 의로우심을 나타내사 자기도 의로우시며 또한 예수 믿는 자를 의롭다 하려 하심이라"고 했다. 하나님은 의로운 분이라는 설명이다. 하나님께는 거룩함, 구별됨이 있다. 여기서 말하는 의로움이란 죄나 죽음의 개념과 반대되는 의미이다.

5) 하나님은 오래 참으시는 분이다.

벧후 3:9, "주의 약속은 어떤 이들이 더디다고 생각하는 것같이 더딘 것이 아니라 오직 주께서는 너희를 대하여 오래 참으사 아무도 멸망하지 아니하고 다 회개하기에 이르기를 원하시느니라" 하나님은 오래 참으신다. 천년을 하루같이 기다리신다. 모든 사람이 다 회개하여 천국에 가기를 바라셔서 오래 참고 기다리신다. 사람들의 인내는 오래 가지 않는다. 하지만 하나님은 70번씩 7번이라도 참으신다. 사람에 대해 오래 참아주시는 분, 그 분이 하나님이시다.

6) 하나님은 약속을 지키신다.

민 23:19, "하나님은 사람이 아니시니 거짓말을 하지 않으시고 인생이 아니시니 후회가 없으시도다 어찌 그 말씀하신 바를 행하지 않으시며 하신 말씀을 실행하지 않으시랴" 하나님은 식언치 않으신다. 한 번 약속한 것은 반드시 지키시는 분, 그 분이 하나님이시다. 많은 사람들이 약속을 하고, 지키지 않는다. 하나님은 한 번 약속한 것을 반드시 지키신다.

7) 하나님은 용서하신다.

요일 1:9, "만일 우리가 우리 죄를 자백하면 그는 미쁘시고 의로우사 우리 죄를 사하시며 우리를 모든 불의에서 깨끗하게 하실 것이요"라는 말씀에서 보듯 하나님은 용서하시는 분이다. 사람들은 용서하지 않으려는 경향이 있다. 용서하지 않음으로 가장 손해 보는 사람이 자기 자신인데도 말이다. 그러나 하나님은 용서하신다. 무한히 용서하시는 분, 그 분이 하나님이시다.

6. 하나님께 나아가는 방법

흔히 종교는 인간의 고안물이라 생각한다. 고독하고 무기력한 인

간이 투사를 통해 의지할 만한 어떤 것을 만든 것이라고 주장하는 이
들이 있다. 그런데 기독교는 인간의 고안물이 아니다. 하나님께서 제
시하신 사랑의 방편이요, 하나님과 관계 맺고 사는 길이다. 인간이
신을 찾아나서는 길과 하나님이 인간에게 내려오신 두 길의 차이를
신학자 앤더스 니그렌은 에로스와 아가페라는 개념을 가지고 다음과
같이 정리한 바 있다.

에로스	아가페
에로스는 올라가는 운동이다.	아가페는 내려온다.
하나님께 가는 사람의 길이다.	하나님이 사람에게 오시는 길이다.
인간구원이 자기의 일이라고 생각한다.	구원은 하나님의 사랑이 하는 일이다.
결핍과 필요에 의존하는 획득과 소유의 의지다.	풍부하기 때문에 베푸는 자유다.
대상 안에 있는 가치를 인식하고 사랑한다.	사랑하여 대상 안에 가치를 창조한다.
획득적인 동경과 욕망이다.	희생적으로 베푼다.

성부 하나님은 천지를 창조하시고, 섭리하시는 분이시다. 온 우주
와 개인의 삶에 관한 모든 시나리오를 한 손에 쥐고 계시는 분이다.
그 분이 이 세상을 창조하셨다. 그 분이 이 세상의 주인이고, 인간은
관리자다. 잠시 시간을 얻어 이 세상에 소풍 나온 관리자인 것이다.

memo

03 인간이란 어떤 존재인가?

1. 인간의 질료와 형상

존재하는 모든 것은 질료와 형상으로 만들어져 있다. 학생들이 앉아 있는 책상은 나무라는 질료로 직사각형의 모양으로 생겨있다. 분필은 석회로 만들어진 크레파스 같은 모양을 하고 있다. 인간 역시 질료가 있다. 인간이 만들어진 질료는 흙이다. 그리고 모양은 직립하여 서 있는 존재다. 이것이 인간이다. 그러면 그것으로 인간에 대한 이해는 모두 다 정리되었는가? 아니다. 인간이라는 한 존재를 놓고 여러 관점에서 조명해 볼 수 있다. 철학적인 관점에서 조망할 수도 있고, 심리학적 관점에서 조망해 볼 수도 있고, 신학적인 관점에서 조망할 수도 있다. 먼저 심리학적 인간이해를 살펴보자.

2. 심리학적 인간이해

심리학자 프로이드의 인간이해를 살펴보자. 그의 인간이해는 매우 독특하다. 인간은 본능을 가진 존재라고 생각했다. 그가 자신의 학설을 만들어가던 초기 본능은 Libido(쾌락의 욕구)로 이해되었다. 점차 이론이 체계화되면서 본능은 에로스(생명 본능)와 타나토스(죽음 본능)로 정리되었다. 자아(ego)는 이드(id, 본능적 충동)의 시녀다. 이드는 쾌락의 원리를 따라 살아가는데 초자아(superego, 부모 혹은 양심)의 간섭으로 자신이 원하는 모든 욕구를 다 얻지 못한다. 리비도가 집중하는 구강기에서 항문기, 성기기로 그리고 잠복기를 거쳐 성인기에 이르게 된다. 이 과정에서 인간은 자신의 원했으나 얻지 못함으로 인해 생겨난 가정의 찌꺼기들이 무의식에 가라앉는다. 무의식속에 가라앉은 과거의 경험은 없어지지 않고, 어떤 계기를 만나 다시 의식의 세계로 올라온다고 보았다.

프로이드는 자신의 이론을 통해 인간을 무의식적 존재라는 주장을 했다. 5세 이전의 경험이 인간 삶에 결정적인데 이 경험의 노예가 인간이라고 본 것이다.

프로이드의 이론을 못 마땅하게 생각한 그의 제자들이 나오면서 심층심리학적 인간이해는 그 폭과 깊이를 더하게 되었고, 행동주의 심리학의 발달은 인간을 자극에 반응하는 존재라 규정하게 되었다. 모든 인간행동은 학습된 것으로 소거 가능하다고 주장한다.

심리학적 인간이해를 살펴보니 흥미로운 부분이 많다. 무의식의 세계라든지, 본능이라든지, 리비도 같은 개념은 흥미롭다. 하지만 인간 존재의 근원적인 문제는 설명해주지 않는다. 철학적으로 인간존재의 기원을 살펴볼 수 있다. 그것은 철학시간에 공부하게 된다. 우리는 성경에서 말하는 인간이해를 살펴볼 필요가 있다.

3. 신학적 인간이해

기독교는 인간을 어떤 존재라고 말하고 있는가? 인간은 피조 된 존재다. 하나님께서 인간을 만드셨다. 인간을 만드실 때 사용하신 질료는 흙이고, 모양은 하나님의 형상이었다. 하나님의 형상을 따라 창조된 것이다(창 1:23) 여기서 말하는 하나님의 형상은 무엇일까? 이성으로 설명하기도 한다. 또 어떤 이는 관계 맺을 수 있는 능력이라고도 한다. 하나님의 형상이란 개념은 여러 가지로 해석 가능할 것이다. 한 가지 분명한 것은 인간은 하나님에 의해 창조된 존재라는 것이다.

4. 인간과 시간

인간의 삶은 시간과 떼 내서 생각할 수 없다. 인간의 생명이란 시간과 깊은 관계가 있기 때문이다. 인간의 생명은 시작과 끝이 있다.

출생으로 시작하여 죽음으로 인간생명은 끝난다. 흔히 죽음으로 인간생명은 끝난다고 생각하는 이들이 있다. 성경은 인간의 생명이 죽음으로 끝나지 않는다고 한다. 죽음 너머로 인간의 시간은 계속 이어진다. 죽음 너머 또 다른 시간이 기다리고 있다. 이 세상에서의 삶을 평가받고, 그에 따라 천국과 지옥에서의 시간을 보내게 된다. 인간의 시간은 거기까지 이어져 있다.

그렇다면 우리는 어떻게 살아야 하는가? 마지막에 좋은 평가를 들을 수 있게 살아야 한다. 마지막에 좋은 이야기를 들을 수 있으려면 어떻게 해야 하는가? 먼저 믿음이 있어야 한다. 성경은 "의인은 믿음으로 말미암아 살리라"고 했다. 믿음은 존재론적 문제라는 것이다. 살고 죽는 것이 믿음에 달려있다. 믿음이 있는 사람은 살고, 믿음이 없는 사람은 죽는다. 그러므로 믿음을 가지고 살아야 한다. 그 믿음은 하나님의 사랑에 응답하는 믿음이다. 그리고 또 하나 현재를 충실히 살아야 한다. 흔히 시간을 과거, 현재, 미래로 나누어 말하는데 인간은 현재를 산다. 과거는 흘러가버렸고, 미래는 아직 오지 않았기 때문이다. 오직 현재라는 시간만이 우리의 것이다. 하나님은 현재를 충만히 살라고 하신다.

5. 인간의 한계

인간의 한계는 어디 있는가? 인간의 생명이 유한하다는 데 한계가 있다. 모든 사람이 죽을 운명에 놓여있는 것이다. 인간은 왜 죽음에 이르게 되었는가? 왜 죽음에 걸리게 되었는가?(창 2:15-18) 죄 때문에 죽음에 걸리게 되었다(롬 6 :23). 죄란 무엇인가? 하나님 없이 살려는 마음이다. 인간은 하나님을 주인으로 모신 관리자였는데 인간이 주인처럼 행세하고자 했다. 그 구체적인 행동은 에덴동산에서 일어났다.

하나님은 천지를 창조하시고 사람을 만들어 에덴동산에 살게 했다. 에덴동산에 있는 모든 것은 허락되었으나 동산 중앙에 있는 나무의 실과는 먹지 못하도록 금지되어 있었다(창 2:15-17). 그런데 처음 사람들은 선악과를 따먹었다. 그 결과 죽음에 이르게 되었다. 이미 죄의 삯은 사망이라고 하나님께서 말씀하셨기 때문이었다. '하나님처럼 되고자' 했던 인간의 교만은 죽음에 이르는 결과를 낳고 말았다(롬 6:23).

6. 죽음 문제의 해결

모든 사람은 지금 죽음에 걸려 있다. 죽음이란 병균이 우리 속에 역사하고 있는데. 이 징후는 불안이다.

어떻게 하면 인간이 죽음에서 벗어날 수 있을까? 죄의 삯을 지불해야 한다. 인간이 직접 죄의 삯을 지불하면 죽어야 한다는 것이다. 죽고 나면 나라는 존재가 없어졌으므로 구원의 대상이 사라진 것이다.

그렇다면 그 전에 뭔가 해결책이 있어야 한다. 그것은 누군가가 대신하여 죄의 삯을 지불하는 것이다. 그는 인간을 대신할 수 있는 인간이어야 하고, 죄의 삯을 지불할 수 있는 죄 없는 분이어야 한다. 이 전제를 만족시키기 위해 하나님이 인간이 되셔서 베들레헴의 말구유에 나셨다. 그것이 크리스마스다. 죄인들을 구원하기 위하여 하나님이 인간으로 오셨다. 그것만이 인간을 죽음과 그 증상에서 건져낼 수 있기 때문이었다.

7. 기독교적 인간이해

기독교적 인간이해는 어떤 것인가? 다음 몇 문장으로 정리해보자.

1) 인간은 하나님의 형상으로 창조된 존재다.

2) 하나님과 사랑의 관계 속에 살아야 하는 존재다.

3) 사랑의 관계를 저버리고 선악과를 따먹었다. 그것은 죄요, 불순종이었다.

4) 선악과를 따먹음으로 인간은 죽음에 이르게 되었다.

5) 독생자 예수 그리스도가 십자가에 대신 죽을 만큼 인간은 사랑
받는 존재다.

6) 인간은 구원받아야할 존재다.

7) 참 인간상의 모델이 있는데 그 분이 예수 그리스도시다. 그는
우리의 구원자요 모범자시다.

memo

04 구원과 치유

1. 구원이란 무엇인가?

구원은 죽음과 그 증상에서 건짐 받는 것이다 즉. 예수를 믿어 죽음과 그 증상에서 벗어나는 것이 구원이다. 구원은 치유라는 말로 대치할 수 있는데. 예수를 믿어 구원을 얻는다는 것은 예수를 믿어 치유된다는 뜻이기도 하다. 그러므로 구원과 치유는 같은 개념이다.

2. 구원은 어떻게 가능한가?

인간은 죽음과 그 증상에서 벗어날 수 있는가?(요 3:16) 벗어날 수 있다. 직접 죄의 대가를 치름으로 벗어나는 것은 불가능하다. 그렇게 되면 존재 자체가 없어진 다음이기 때문이다. 인간 구원은 누군가가 대신 죄의 대가를 지불함으로만 가능하다. 이 문제를 해결하기 위해 하나님은 그의 독생자를 십자가에 대신 죽게 했다. 이제 그가 우리를 대신하여 죄의 삯을 지불했다는 사실을 믿기만 하면 구원을 얻는다.

3. 예수 그리스도의 대속적 죽음에 대한 유비(類比)

예수 그리스도의 대속적 죽음은 여러 가지 형태의 유비를 통해 설명된다. 구속, 화해, 제사, 칭의, 양자 됨 같은 개념으로 설명된다. 좀 더 구체적으로 설명해보겠다.

1) 구속

구속이란 단어는 노예시장에서 유래된 개념이다 노예를 사고 팔 때 구매자는 노예를 사기 위해 값을 치러야 했다 죄에 대한 값을 치르는 것. 이것이 구속이다.

2) 화해

성경은 예수님의 죽음을 하나님과 인간 사이에 있었던 막힌 담을 헌 사건으로 묘사하고 있다. 동시에 인간과 인간 사이에 막힌 담을 헐어 낸 것이라고 한다. 이것을 화해라는 개념 속에 담았다.

3) 제사(히 9:26-28)

제사에는 두 가지 기능이 있다 사람 대신 양을 죽이는 것이요. 죄에 대한 하나님의 진노를 풀어 드리는 것이다 예수님은 인간의 죄 때문에 대신 드려진 제물이었다.

4) 칭의(롬 3:21-24)

칭의란 개념은 법적 용어로 인간이 법정에서 무죄선언을 받는 것, 이것이 칭의다. 예수님이 하신 일이 우리가 한 일이 되어 의롭다 인정받는 사건이다.

5) 양자됨(롬 8:15)

가족관계로 설명된다. 하나님께 자녀들이 있었는데, 유대인들이다. 그런데 하나님께서 이방인을 양자. 양녀로 삼으셨다. 예수의 죽음은 이방인을 양자로 삼는 하나님의 적극적 행동이었다.

4. 치유의 세 영역

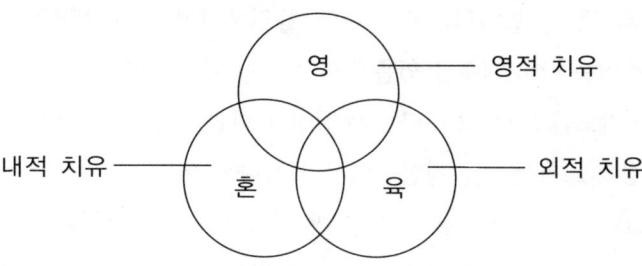

인간치유에는 세 영역이 있다. 영혼의 치유, 마음의 치유, 그리고 몸의 치유가 그것이다. 예수 그리스도를 믿어 영혼이 치유 받으면 구원 얻는다. 예수를 구주로 믿어 하나님의 자녀가 된 사람들은 이제 거룩한 백성이 되었다. 그런데 문제가 있다. 영혼이 치유되었다고 해서 그의 상한 마음까지 단번에 치유되는 것은 아니라는 것이다. 상한 마음은 그 후 지속적인 돌봄으로 말미암아 치유된다.

5. 영적 출생과 성장

예수 그리스도를 구주로 영접함으로 영적으로 출생한다. 여기 영접하는 기도문이 있다.

"하나님, 저는 그동안 하나님 없이 살았습니다. 제가 제 인생의 주인이 되어 살았습니다. 하나님이 주인이시고, 나는 관리자에 불과한데 미처 깨닫지 못했습니다. 이제 제 마음의 왕좌에 하나님을 주인

으로 모시려고 합니다. 제 마음에 들어오셔서 언제까지나 주인이
되어 주시옵소서. 예수님 이름으로 기도합니다. 아멘"

영접 기도를 드릴 때 나타나는 현상은 다양하다. 어떤 사람은 엄청
난 감정의 소용돌이를 경험하면서 거듭나고 어떤 사람은 감정의 큰
변화 없이 거듭나기도 한다. 또 어떤 사람은 무의시적인 과정을 지나
거듭난다. 어떤 종류의 회심이든 그 결과는 예수를 자신의 구주라고
고백한다는 점이다.

예수를 구주로 믿으면 그의 호적 나이가 몇 살이든 이제 영적 갓난
아이로 태어난 것이다. 교회에 다니고 있어도 갓 태어난 사람은 아직
은 미숙아다. 그가 자신의 내면에 있는 미숙함을 씻어내고 성숙한 사
람이 되어가는 데는 시간이 필요하다.

6. 성장하는 그리스도인

갓 태어난 아기가 건강하게 성장하려면 잘 먹고, 잘 자야한다. 이
런 원리는 신앙성장에도 적용된다. 살아 있는 것은 성장하게 마련이
다. 성장하지 못하고 있는 생명체가 있다면 그것은 병들었거나 죽었
기 때문이다. 건강한 그리스도인은 성장한다. 에베소서 4:15에서는
영적 성장에 대해 말하고 있다.

첫째. 오직 사랑으로 하라는 것이다. 사랑이 아니면 듣지 말고. 사
랑이 아니면 말하지 말아야 한다.

둘째. 참된 것을 하라고 했다. 거짓된 사람은 바로 성장할 수 없고 참된 것을 할 때 바른 생을 살 수 있게 된다.

셋째 그에게까지 자라야 한다. 성장 목표는 예수 그리스도다. 우리는 상대적 기준을 따라 살아가는 사람들이 아니다. 예수 그리스도라는 절대적 기준을 향해 살아가고 있다. 그분이 사셨던 것처럼 같아가기 위하여 계속 성장해야 한다. 육신의 건강보다 소중한 것은 마음의 건강이며 마음의 건강보다 소중한 것은 영의 건강이다 영이 건강한 사람이 될 때 비로소 마음의 건강을 말할 수 있다.

7. 구원과 치유의 종말론적 구조

구원의 종말론적 구조는 'Already but yet'이라고 말할 수 있다. 우리가 예수 믿어 구원을 얻었다는 것은 그것이 시작되었다는 뜻이요, 완료되었다는 것은 아니다. 치유 역시 예수를 믿음으로 시작된 것이다.

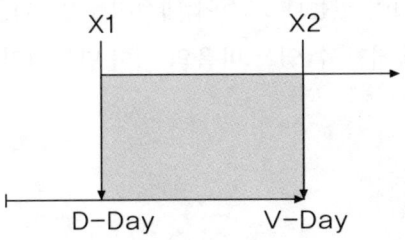

X1 : 그리스도의 초림   X2 : 그리스도의 재림   D-Day : Decision Day   V-Day : Victory Day

05 내적치유 (1)

1. 영적치유와 내적치유

예수를 구주로 믿어 영적으로 치유된 사람들은 곧바로 성숙한 사람이 되는가? 경험적으로 볼 때 영적으로 치유 받아 구원받았다고 해서 곧바로 성숙한 사람이 되는 것은 아니다. 하나님을 믿으니 뭔가 다른 사람이 되어야할 텐데 왜 그렇지 못할까? 그것은 내적치유와 깊은 관계가 있다. 마음에 받은 상처가 많아 심리적으로 미숙한 사람인 것이다. 이런 사람들은 거듭났어도 여전히 미숙한 사람으로 남아있고, 하나님을 믿는 사람답지 못한 생을 살아간다. 이런 사람들에게 반드시 필요한 것이 있는데 그것이 내적치유정이다. 이 과정을 통해 영적 에너지가 흘러갈 수 있는 마음의 길이 만들어진다.

2. 내적치유란 무엇인가?

내적치유란 병든 정신 혹은 상한 마음을 치유하는 것이다. 상한 마음은 어떻게 치유되는가? 먼저 자신의 문제를 인식하는 것이 필요하다. 의식하지 못하고 있던 문제를 의식하는 것만으로도 치유는 시작되었다고 할 수 있다. 다음으로 그것을 누군가에게 쏟아놓아야 한다. 그리고 삶의 변화로 이어질 때 치유가 일어났다고 할 수 있다.

인간의 마음의 구조와 내용물은 어떻게 생겼을까? 먼저 마음의 구조를 정리해보자. 인간의 마음은 크게 나눠 의식과 무의식으로 대별해 볼 수 있다. 심리학자 칼 융은 "인간은 그의 정신 밑에 층을 소유하고 있다. 의식적인 정신은 비교적 중심적인 입장만 갖고 있는데 비해 무의식적 정신은 여러 층을 이루고 있고 의식적 정신을 초월해 있다"고 했다. 내적치유란 이 두 층을 모두 상대로 한다. 의식과 무의식, 그리고 무의식의 개인 무의식과 집단무의식을 모두 다룬다.

이제 마음의 내용물을 살펴보자. 마음의 내용물은 과거의 경험들이다. 지금까지 성장해 오는 동안 체험했던 모든 것이 마음의 내용물이다. 특별히 무의식 깊은 곳에는 해소되지 않았던 감정의 찌꺼기들이 들어 있다. 이는 대부분 중요한 타인과의 관계에서 얻어진 것들이다.

내적치유는 마음의 경험들을 꺼내서 좋지 못한 것은 털어내는 작업이다. 그리하여 영적 에너지가 자연스럽게 삶으로, 삶의 열매로 나타나도록 돕는다. 이것이 내적 치유이다.

3. 상한 감정을 가진 사람들의 특징

내적 치유가 필요한 사람들은 마음에 상처가 있다. 상처가 있는 사람들에게는 원망. 증오, 미움 같은 증상이 있다. 누군가를 미워하고 원망하고 있다면 마음속에 상처가 있다는 증거다. 누구로부터 상처받았는가? 사랑하는 사람들로부터 상처받았다. 누구로부터 상처받게 되는가? 사랑하는 사람들로부터 상처받게 된다. 그들로부터 상처받은 다음 다시 상처 주는 사람이 된다. 이 사슬을 끊어버리는 것, 이것은 매우 의도적이고도 힘겨운 노력을 필요로 한다. 문제를 인식하고 훈련을 통해 건강한 사람으로 거듭나야 한다. 왜냐하면 마음의 병이 있는 사람들은 전염시키는 경향이 있기 때문이다. 누군가 그 사슬을 끊어버려야 한다.

4. 내적치유와 고백

마음의 상처를 치유 받는 곳은 어딘가? 상처 입힌 사람이 나를 치유해주는가? 아니다. 아마 상처 입힌 사람은 자신이 그러한 일을 했다는 것도 모를 것이다.

사도 요한은 자백의 중요성을 강조한다. 우리가 죄를 고백함으로 과거의 그림자로부터 자유로워질 수 있듯이, 상처받은 마음의 치유도 같은 맥락에 속한 문제이다. 상저 받은 것을 고백하고 미워하는 마음을 아뢰며. 원망의 원인이 되는 것들을 토해낼 때 치유는 시작된다. 고백 없이는 치유도 없다. 상한 마음을 누구에겐가 드러내 놓을 때 치유가 일어난다.

누구에게 상한 마음을 쏟아내야 하는가? 성령님이다. 성령께서 우리의 상한 마음을 낫게 해주시기 때문이다. 세상을 떠나기 전 예수께서 중요한 약속을 하셨는데 보혜사 성령을 보내 주겠다는 것이었다. 보혜사 파라클레토스는 '곁으로(파라)', '부른다(클레토스)'의 합성어 이다. 곁으로 불러 위로하고 사건의 의미를 해석하여 새로운 용기를 갖도록 격려하는 분이 성령이시다. 그는 상한 마음을 가진 사람들을 치료해 주시고 어디서부터 잘못되었는지 생각나게 함으로 문제를 수습할 수 있도록 도와주신다. 또 문제를 새로운 시각으로 바라보게 하신다. 그러므로 성령님께 상한 마음을 쏟아 놓아야 한다.

5. 또 다른 치유자(행 4 : 36-37)

우리의 상한 마음을 치유해 주는 또 다른 존재가 있는데. 그들은 성령의 아들들(후이오스 파라클레세오스)이다. 하나님께서는 상처 받은 사람을 위로할 안위의 아들들을 보내셨다. 그들은 상한 마음을 치유하는 은사를 가진 사람들이다. 마음 상한 일이 있을 때 상담자를 찾아갈 수도 있고 정신과의사를 찾아갈 수도 있다. 그러나 그들의 도움은 제한적이다. 확실한 도움을 줄 또 다른 존재가 있는데 위로의 아들이다. 초대교회에서는 바나바가 그런 일을 했다. 우리 시대에도 바나바와 같은 사람들이 있다. 그들을 우리는 '안전지대'라 부른다. 하나님은 그들을 통해 위로의 사역을 계속해 나가고 있다.

6. 상한 감정을 치유받기 원하는 사람들이 따라야 할 원칙

1) 문제를 똑바로 직시하라.

2) 어떤 문제든지 자신에게 책임이 있다는 사실을 인정하라.

3) 고침받기 원하는지 스스로에게 물어보라.

4) 성령께 자신의 문제를 쏟아 놓으라.

5) 문제와 관련된 사람들과 자기 자신을 용서하라.

7. 과거는 현재에 살아 있다.

인간은 관계 속에서 태어나서 관계를 맺으며 성장한다. 이 관계는
성장하는 사람에게 긍정적인 이미지를 갖게도 하고 부정적인 이미지
를 심어 주기도 한다. 그 이미지들이 살아 움직이는 가운데 개인의
역사는 만들어져 간다. 좋은 경험도, 상처가 된 나쁜 경험도 세월과
함께 사라져 버리는 것이 아니라, 마음속 깊은 곳에 가라앉는다. 그
러다가 어떤 계기를 만나면 솟아오른다. 과거는 지금도 살아 있는 것
이다 어떻게 하면 과거의 좋지 못한 경험에서 벗어날 수 있을까? 자
신을 괴롭히는 쓴 뿌리가 무엇인지 인식만 해도 치료는 이미 시작된
것이다.

빛은 이 세상에 존재하는 모든 것에 가치를 부여한다. 빛이신 하나
님은 어둠 속에 있던 인간들에게 가치를 부여하셨다. 비록 어둠 속에
있으나 가치 있는 존재라는 사실 이것이 치유의 핵심적 요소다. 과거
에는 어둠에 속했으나 미래에는 빛으로 나아가야 한다.

06 내적치유 (2)

내적치유가 필요한 몇 가지 주제들을 살펴보고자 한다. 상한 감정을 가진 이들이 한 번 쯤 정리해야할 주제들이다. 분노, 용서, 우울증, 열등감, 투사, 이상과 현실의 괴리, 낮은 자존감의 문제를 다루고자 한다. 이와 같은 주제들은 심리적 문제를 안고 있는 이들에게 뿐 아니라 정상적인 삶을 살아가는 이들에게도 한 번쯤 짚고 넘어가야 할 주제들이다.

1. 분노

1) 두 종류의 분노

두 종류의 분노가 있다. 의분과 감정적 분노가 있다. 세상은 거룩한 분노를 가진 사람들에 의해 발전해왔다. 하지만 감정적 분노는 개인과 사회를 망가뜨렸다. 여기서 다루는 분노는 감정적 분노이다.

2) 분노에 대한 바른 이해

윌리암 바커는 분노에 대해 다음과 같이 말했다.

- 분노를 느끼는 것이 항상 나쁜 것은 아니다.
- 때로 화를 내는 것이 이로울 때도 있다.
- 화를 낸다는 것이 난폭하게 행동한다는 것은 아니다.
- 다른 사람이 내 기대에 부응하지 않을 때 꼭 내가 화를 내야 하는 것은 아니다.

3) 위장된 분노의 치유

특정인에 대한 화남이 반드시 그 사람 때문이 아닐 수도 있다. "남대문에서 뺨 맞고 동대문에서 화풀이 한다"는 속담이 있다. 전혀 다른 사람에 대한 분노를 가장 약한 사람에게 쏟아낼 수도 있다. 이런 분노는 바람직하지 못하다. 분노의 원인이 어디에 있는 가 확인하고 치유 받는 것이 필요하다.

2. 용서

1) 왜 용서해야 하는가?

용서하지 않음으로 인해 가장 큰 손해를 보는 사람이 용서하지 않는 사람 자신이기 때문이다. 우리는 누군가에 의해 모욕당하고, 상처 입었을 수 있다. 그래도 그를 용서해야 한다. 그를 용서하고, 환경을 용서하고, 나아가 자기 자신을 용서해야 한다. 그래야 건강하게 살아갈 수 있다.

2) 용서하지 못하는 사람들

용서하지 않고 원한을 품고 사는 사람들이 있다. 복수하는 사람들이 있다. 대를 이어가며 복수하는 사람들도 있다. 인간은 자신의 행복을 위해 사는 것이지 복수를 위해 사는 것이 아니다. 복수하려다가 도리어 자신의 삶이 망가지고 만다. 복수의 칼을 내려놓으라. 그것이 건강하게 살아가는 비결이다.

3. 우울증

1) 우울증이란 무엇인가?

우울증이란 자기 자신을 용서하지 못하는 병이다. 자신의 무능과 자신의 부적절함과 자신의 실수를 용서하지 못해서 억눌린 감정이 우울증(Depression)이다.

2) 우울증을 일으키는 다양한 요인들

공부는 했으나 좋은 대학에 진학하지 못했을 때, 사랑했으나 사랑받지 못했을 때, 경제적 어려움, 기대했던 것을 이루지 못하고 좌절을 경험했을 때, 병들었을 때, 가족 간의 갈등 같은 것이 우울증을 일으키는 요인이 된다.

3) 우울증에서 벗어나는 길

우울증의 치료는 약물치료와 심리요법이 있다. 간단한 약으로도 우울증은 치료된다. 무엇보다 중요한 것은 누구나 우울증에 걸릴 수 있다는 것을 알아야 한다. 우울증에 대한 편견이 없어야 한다. 종교개혁자 루터는 우울증에서 벗어나는 길을 제시한 바 있다.

- 홀로 있지 말라. 밖으로 나오라.
- 다른 사람의 도움을 청하라.
- 노래하라.
- 하나님께 감사하라.

■ 하나님의 능력을 의지하라.
■ 성령의 임재를 체험하라.

4. 열등감

1) 열등감과 콤플렉스

열등감이란 무엇인가? 부적절하다는 느낌이다. 사람들은 왜 열등감을 느끼는가? 무엇 혹은 누군가와 비교하여 거기 이르지 못한다는 생각을 할 때 열등감을 느낀다.

콤플렉스는 왜 생기는가? 브로이어(J. Breuer)는 "히스테리의 원인으로 작용하는 무의식의 복합체"라고 정의했는데 이것은 경쟁에서 이기고자 하는 마음에서 생긴다.

2) 여러 종류의 콤플렉스

여러 종류의 콤플렉스가 있다.

■ 순간이 평생을 좌우한다는 신데렐라 콤플렉스.
■ 여성은 남성에 비해 열등하다는 지적 콤플렉스.
■ 머리 나쁜 건 용서해도 못 생긴 것은 용서할 수 없다는 외모 콤플렉스.

- 얼굴로 안 되면 몸매로 승부한다는 람보 콤플렉스.
- 모든 것을 완벽하게 해내야 한다는 수퍼 우먼 콤플렉스.
- 외국인만 만나면 얼굴이 빨개지면서 영어 한 마디 못하는 영어 콤플렉스.

3) 열등감과 콤플렉스의 두 얼굴

열등감과 콤플렉스의 노예가 되어 살거나 그것을 극복하기 위해 노력하느냐는 전적으로 개인에게 달려있다. 외모가 열등하기에 열심히 노력해서 좋은 배우가 된 사람들이 있다. 영어를 못하니까 열심히 노력해서 영어를 잘 하게 된 사람들이 있다. 자신의 열등을 탓하고만 있었다면 이루지 못할 목표였다. 열등했기에 열심히 노력했고, 성공했다. 그것은 열등감이 갖고 있는 양면성이라 할 수 있다.

5. 투사

1) 투사란 무엇인가?

자신이 가지고 있는 감정을 남이 가지고 있는 것처럼 탓하는 것이 투사이다. 예를 들어 키가 작은 학생을 미워하는데 왜 그런가 하고 봤더니 자신이 키가 작아서 싫은 데 그 이유가 있었다면 그것은 투사다. 사람들은 간혹 남의 허물을 지나치게 크게 꾸짖는 경우가 있는데 상당한 경우 투사일 가능성이 많다.

2) 투사가 가져다주는 좋지 못한 것들

거짓말을 잘 하는 사람이 거짓말 하는 사람을 꾸짖고 있다고 하자. 꾸짖고 있는 이의 거짓말하는 습관 때문에 매우 곤혹스러운 적이 많았는데 그가 도리어 거짓말한 사람을 심하게 꾸짖고 있는 것을 볼 때 어떤 생각이 들겠는가? 투사는 정직한 사람이 되지 못하게 만든다. 좋은 관계를 맺지 못하게 만든다.

6. 있는 그대로 받아들이기

1) 이상과 현실의 괴리

이상과 현실의 갭이 좁은 사람이 건강하다. 반대로 그 갭이 넓은 사람은 정신에 질환이 있는 사람이다. 현실과 이상은 갭이 있게 마련이지만 그 거리가 좁을수록 좋다.

2) 있는 그대로 받아들이기

사람은 누구나 있는 그대로 받아들여지기를 원한다. 하지만 있는 그대로 받아들여지는 사람은 많지 않다. 심지어 자기 자신도 있는 그대로의 자신을 받아들이지 않는다. 있는 그대로 받아들이라. 행복해질 것이다.

7. 낮은 자존감

1) 자아이미지

자아 이미지란 어려서부터 수집한 영상과 감정의 종합체이다. 자아 이미지가 건강하면 생을 편안하게 살아갈 수 있는데 그렇지 못한 경우 낮은 자존감으로 인해 고통 받게 된다. 현대의 많은 사람들이 낮은 자존감으로 인해 고통 받고 있다. 삶의 현실에서 자아가 파편같이 흩어지게 되었기 때문이다. 낮은 자존감 올리기가 필요한 것이다.

2) 자아 이미지가 형성되는 네 가지 근원

- 외부세계, 이것은 하나의 거울이다. 이 거울에 의해 자아상이 형성된다.
- 내부세계, 자기 내면의 거울이다.
- 하나님, 좋은 자아상을 갖게 하신다.
- 사탄, 죄의식의 노예가 되게 하고, 열등감의 포로가 되게

한다.

분노, 용서, 우울증, 열등감, 투사, 이상과 현실의 괴리, 낮은 자존감의 문제를 살펴보았다. 영적으로 치유된 사람들이 심리적인 감정의 찌꺼기를 잘 처리하면 보다 성숙한 그리스도인으로 살아갈 수 있다. 미숙한 삶을 살아가는 많은 사람들의 문제는 바로 내면이 병들어 있기 때문이다. 겉은 살아있으나 내면에서 뭔가가 죽어가는 데 문제의 심각성이 있다. 내면의 치유와 감정적 안정은 모든 사람들에게 매우 중요한 이슈라 할 수 있다.

memo
....

07 성자 하나님(예수 그리스도)

예수 그리스도가 어떤 분인지 알기 위해서는 그 분의 삶과 말씀, 그리고 기적을 살펴보는 것이 중요하다. 먼저 그 분의 생애를 살펴본다.

1. 출생

예수는 베들레헴에서 출생하셨다. 예수 출생을 기점으로 역사는 B.C.와 A.D.로 구분된다. 예수의 출생으로 역사(History)는 그 분의 이야기(His story)가 되었다.

예수는 동정녀였던 마리아에게서 태어났다. 유대인의 결혼풍속에는 약혼, 정혼, 결혼이라는 3단계가 있었다. 약혼은 아이가 태어나면서 부모들끼리 하는 약속이다. 두 사람이 성장하여 서로 사랑하기로 결정하는 것은 정혼이다. 정혼 후 결혼하게 된다. 요셉과 마리아는 정혼한 상태였다. 이때 마리아가 아이를 갖게 되어 요셉은 중절을 생각했는데 천사의 개입으로 출산하게 된다. 마침 전국에 호적을 새롭게 하라는 명령이 있어서 요셉과 마리아가 베들레헴에 갔다가 거기서 출산하게 되었다. 성령으로 잉태된 아기 예수는 호적상으로는 아버지 요셉과 어머니 마리아의 아들이었다.

2. 성장

유대 땅에 새로운 왕이 났다는 정보를 들은 당시 통치자 헤롯왕은 아기 예수가 태어난 시점을 중심으로 태어난 모든 유아를 살해하도록 명령했다. 자신의 왕권이 위태롭게 되었다고 느낀 까닭이었다. 유아 살해의 위기를 피하려고 요셉은 아기 예수를 데리고 애굽으로 피신했다. 헤롯이 죽자 요셉은 가족을 이끌고 갈릴리 나사렛으로 돌아왔다. 예수는 이곳에서 성장했다.

아버지 요셉은 일찍 죽은 것으로 보인다. 여러 동생들과 어머니 마리아를 돌보느라 예수는 목수 일을 시작했다. 예수가 만든 멍에는 쉽고 가벼워서(마 11:28) 그 주변 사람들에게 널리 애용되었던 것으로 보인다.

3. 공생애 시작

예수는 30세쯤 되어서 공생애를 시작하셨다. 요셉 사후 오랫동안 가족들을 돌보셨던 예수는 이제 공적 사역을 시작했다. 공적 사역의 신호탄은 요단강에서 올랐다. 예수께서 요한의 세례를 받으신 것이다. 그 후 곧바로 광야로 가서 40일간 금식하며 기도했다. 기도가 끝난 다음 사탄은 예수를 시험했다.

1) 돌로 떡을 만들라.

2) 사탄에게 절하라.

3) 산꼭대기에서 뛰어내리라.

예수는 이 시험들을 모두 이겨내고 하나님께서 위탁하신 사역을 시작했다. 갈릴리 호수 주변을 걸어 다니면서 제자들을 뽑기 시작했고, 천국복음을 전하기 시작했다.

4. 예수는 어떤 분이셨는가?

예수는 하나님이면서 동시에 사람이셨다. 이 땅에 내려오기 전, 그분은 하나님이셨다. 성자 하나님이셨던 그리스도는 인간의 몸을 입으면서 자기를 비웠다. 그리고 사람의 몸을 입으셨다. 완전히 사람이 되신 것이다. 예수는 어떤 사람이었는가?

예수 그리스도는 어떤 분이었는지 최고 경영자 예수(JESUS CEO)에서 말한 내용 몇 가지를 소개한다.

1) 예수님은 계획을 가지고 계셨다.

2) 예수님은 팀을 결성하셨다.

3) 예수님은 사물을 다르게 보셨다.

4) 예수님은 한 번에 한 계단씩 오르셨다.

5) 예수님은 제자들을 훈련시키셨다.

6) 예수님은 축복이 되기 위하여 오셨다.

7) 예수님은 반전의 전문가셨다.

5. 사역의 중심

예수 사역의 중심은 "하나님 나라"의 선포에 있었다. 하나님 나라가 가까이 왔다고 선포하셨다. 하나님의 나라를 선포하시고, 그 나라에 사람들을 초대하기 시작했다. 모든 사람이 그 나라에 들어올 수 있도록 초청하고, 기적을 베풀고, 섬기는 사람으로 사셨다. 그 분은 인간 구원을 위한 희생제물인 동시에 참 인간상을 구현하신 모범자였다. 막 10:45을 읽어보자.

막 10:45, 인자가 온 것은 섬김을 받으려 함이 아니라 도리어 섬기려 하고 자기 목숨을 많은 사람의 대속물로 주려 함이니라

6. 죽음

예수를 죽음에 내몬 사람은 누구였는가? 예수를 죽음에 넘긴 사람이 있었다.

먼저, 유대 종교지도자들이다.

유대 종교 지도자들은 예수가 백성들의 신임을 받는 것이 두려웠

다. 그것은 곧 권위의 상실로 이어지고, 모든 기득권을 잃는다고 생각했기 때문이었다. 예수의 나타남을 계기로 반성하고 바른 삶을 사는 대신 그를 죽이려고 했다. 대제사장 가야바는 대표적 인물이다.

다음으로 유다였다.

유다는 광적인 민족주의자인 동시에 돈에 눈이 먼 사람이었다. 은 30에 자기 선생인 예수를 팔았다. 십자가에 죽도록 건네준 것이다.

무엇보다 본디오 빌라도가 예수 죽음의 책임자였다.

빌라도는 백성들의 여론을 잠재우기 위하여 의로운 예수를 군중들의 손에 넘겨준 사람이다. 여론이 시끄러워지는 것이 싫어서 의로우신 분을 십자가에 죽도록 건네주었다.

종교지도자들, 가룻 유다, 그리고 빌라도 때문에 예수가 죽임을 당했는가? 그것이 전부인가? 아니다. 예수가 죽임당한 이유는 우리의 죄악 때문이었다. 우리를 죄에서 건져내려고 십자가에 대신 죽으신 것이다.

7. 부활

십자가에 대신 죽은 예수는 죽은 지 사흘 만에 다시 살아나셨다. 살아나신 후 500여 성도들에게 나타나셨다. 이것은 무엇을 의미하는가? 인간의 생명은 죽음으로 끝나는 것이 아니고, 죽음 너머 또 다른 생명의 세계가 있음을 입증하셨다. 어떤 사람은 죽음이 인간 삶의 끝이라고 생각한다. 과연 죽음이 인간 생명의 마지막 단계인가? 아니다. 죽음 너머 그리스도적 생명의 단계가 하나 더 있다. 예수는 부활함으로 그 생명 세계의 처음 열매가 되셨다. 십자가와 부활, 이 둘은 기독교가 서 있는 두 기둥이다.

8. 다시 제자들을 만나 격려하심

부활하신 예수 그리스도는 낙향한 제자들을 만나러 갈릴리호수로 찾아가셨다. 갈릴리 호수에서 물고기를 잡고 있던 제자들을 다시 만나셨다. 그리고 제자들에게 "나를 사랑하느냐?"고 물으셨다. 제자들이 "그렇다"고 대답하자 사명을 맡기셨다. "내 어린 양을 먹이라"고 부탁하시고, "약속하신 것"을 기다리라고 했다. 약속하신 것은 성령이었다.

9. 승천

부활하신 예수는 약 40일 동안 이 땅에 계시다가 사람들이 보는 앞에서 하늘로 올라가셨다. 하늘로 올라가시면서 예수는 다시 오겠다고 하셨다. 제자들은 이 말을 그들이 살았을 때 곧 올 것이라는 메시

지로 받아들였다. 그리하여 초대교회 성도들은 서로 만났을 때 "마라나타"(주 예수여 오시옵소서)라고 인사했다. 하늘로 올라가신 예수는 아직 오지 않고 있다. 하지만 그 분은 꼭 다시 오신다. 다시 오셔서 인간 생명의 새로운 세계를 열어 가실 것이다.

08 예수의 비유

　예수께서는 많은 말씀을 하셨다. 많은 말씀 가운데 비유의 말씀이 있다. 비유를 통해 말씀하신 것이다. 비유가 아니면 말씀하지 아니하셨다고 할 정도로 많은 비유를 사용하셨다. 왜 비유를 들어 진리를 설명하셨을까?

1. 비유로 말씀하신 이유

　1) 진리를 그림언어로 설명할 수 있어서 기억에 오래 남길 수 있었기 때문이다.

　2) 진리를 전달하기 쉬웠기 때문이다.

3) 재미있게 하려고 비유를 사용하셨다.

4) 듣는 사람들이 잘 이해하게 하려고 비유를 사용했다.

5) 역설적이지만 어떤 사람들은 이해하지 못하게 하려고 비유를 사용하셨다.

2. 몇 가지 비유들

예수 그리스도께서 말씀하신 많은 비유 가운데서 7가지만 골라서 그 내용과 교훈을 정리해보고자 한다.

1) 씨 뿌리는 비유(마 13:1-9)

2) 탕자의 비유(눅 15:11-24)

3) 잃어버린 드라크마 비유(눅 15:8-10)

4) 달란트비유(마 25:14-29)

5) 밭에 감추인 보화 비유(마 13:44)

6) 선한 사마리아인 비유(눅 10:30-37)

7) 악한 농부 비유(눅 20:9-19)

3. 씨 뿌리는 비유

먼저 성경 본문을 읽어보자. 마 13:1-9의 말씀이다.

"그 날 예수께서 집에서 나가사 바닷가에 앉으시매 큰 무리가 그에게로 모여 들거늘 예수께서 배에 올라가 앉으시고 온 무리는 해변에 서 있더니?예수께서 비유로 여러 가지를 그들에게 말씀하여 이르시되 씨를 뿌리는 자가 뿌리러 나가서?뿌릴새 더러는 길 가에 떨어지매 새들이 와서 먹어버렸고 더러는 흙이 얕은 돌밭에 떨어지매 흙이 깊지 아니하므로 곧 싹이 나오나 해가 돋은 후에 타서 뿌리가 없으므로 말랐고 더러는 가시떨기 위에 떨어지매 가시가 자라서 기운을 막았고?더러는 좋은 땅에 떨어지매 어떤 것은 백 배, 어떤 것은 육십 배, 어떤 것은 삼십 배의 결실을 하였느니라. 귀 있는 자는 들으라 하시니라"

씨 뿌리는 비유이다. 씨앗은 복음, 밭은 복음을 받아들이는 인간의 마음을 의미한다. 복음을 수용하는 마음은 네 가지로 대별된다는 것이다. 길가와 같은 마음, 돌밭과 같은 마음, 가시덤불과 같은 마음, 옥토와 같은 마음이 있다고 했다. 길가와 같은 마음은 편견, 습관, 무관심으로 인해 복음의 씨앗이 전혀 자라지 못하는 토양이다. 돌짝밭과 같은 마음은 복음을 기쁨으로 받기는 하지만 뿌리를 내리지 못하는 사람을 지칭한다. 가시덤불 같은 마음은 재리의 유혹이나 잡초 같은 염려로 인해 복음이 자라지 못하는 마음이다. 그리고 옥토같은 마음은 30배, 60배, 100배로 결실한다. 이 비유말씀을 통해 예수 그리스도께서는 옥토와 같은 마음의 소유자가 되라고 하셨다.

4. 탕자의 비유

유명한 탕자의 비유이다. 누가복음 15:11-24에 나오는 말씀인데 함께 읽어보자.

"또 이르시되 어떤 사람에게 두 아들이 있는데 그 둘째가 아버지에게 말하되 아버지여 재산 중에서 내게 돌아올 분깃을 내게 주소서 하는지라 아버지가 그 살림을 각각 나눠 주었더니 그 후 며칠이 안 되어 둘째 아들이 재물을 다 모아 가지고 먼 나라에 가 거기서 허랑방탕하여 그 재산을 낭비하더니?다 없앤 후 그 나라에 크게 흉

년이 들어 그가 비로소 궁핍한지라 가서 그 나라 백성 중 한 사람에게 붙여 사니 그가 그를 들로 보내어 돼지를 치게 하였는데?그가 돼지 먹는 쥐엄 열매로 배를 채우고자 하되 주는 자가 없는지라?이에 스스로 돌이켜 이르되 내 아버지에게는 양식이 풍족한 품꾼이 얼마나 많은가 나는 여기서 주려 죽는구나 내가 일어나 아버지께 가서 이르기를 아버지 내가 하늘과 아버지께 죄를 지었사오니 지금부터는 아버지의 아들이라 일컬음을 감당하지 못하겠나이다 나를 품꾼의 하나로 보소서 하리라 하고 이에 일어나서 아버지께로 돌아가니라 아직도 거리가 먼데 아버지가 그를 보고 측은히 여겨 달려가 목을 안고 입을 맞추니 아들이 이르되 아버지 내가 하늘과 아버지께 죄를 지었사오니 지금부터는 아버지의 아들이라 일컬음을 감당하지 못하겠나이다 하나 아버지는 종들에게 이르되 제일 좋은 옷을 내어다가 입히고 손에 가락지를 끼우고 발에 신을 신기라 그리고 살진 송아지를 끌어다가 잡으라 우리가 먹고 즐기자 이 내 아들은 죽었다가 다시 살아났으며 내가 잃었다가 다시 얻었노라 하니 그들이 즐거워하더라"

이 비유에서 아버지는 하나님을 가리킨다. 그리고 집에 남아있던 큰 아들은 선민 이스라엘을 의미하고, 집을 나간 아들은 비유대인을 가리킨다. 하나님은 집을 나간 둘째 아들이 돌아오기를 기다리고 계신다. 비록 집을 나갔지만 돌아오기만을 기다리신다. 집을 나간 탕자는 자신의 잘못을 생각하고 벌 받아 종이 되기로 마음먹고 집으로 돌아왔다. 그러나 아버지는 다시 아들로 맞아주셨다. 은혜로 맞아주신 것이다. 아버지는 집을 나간 아들이 돌아오자 잔치를 베풀며 기뻐했다. 그것이 지금도 우리를 기다리고 계시는 하나님의 마음이다.

5. 잃어버린 드라크마 비유

누가복음 15:8-10에 나온 비유말씀이다.

"어떤 여자가 열 드라크마가 있는데 하나를 잃으면 등불을 켜고 집을 쓸며 찾아내기까지 부지런히 찾지 아니하겠느냐?또 찾아낸즉 벗과 이웃을 불러 모으고 말하되 나와 함께 즐기자 잃은 드라크마를 찾아내었노라 하리라 내가 너희에게 이르노니 이와 같이 죄인 한 사람이 회개하면 하나님의 사자들 앞에 기쁨이 되느니라"

잃어버린 드라크마(당시 화폐, 동전)는 무엇을 의미하는가? 잃어버린 영혼을 뜻한다. 잃어버린 한 영혼이 돌아올 때 하나님께 큰 기쁨이 된다는 말씀이다.

"잃어버린 드라크마"에 대한 또 다른 해석이 있다. 신학자 안셀름 그린은 잃어버린 드라크마는 잃어버린 자아라고 해석한다. 세상을 살면서 파편처럼 흩어져버린 자아가 회복될 때 하나님께서 기뻐하신다고 했다. 하나님은 우리가 자기 자신으로 살아가기를 기대하신다. 하나님의 자녀로, 사랑받고 있다는 확신 속에 살아가기를 바라고 계신다.

6. 달란트비유

유명한 달란트 비유다. 마태복음 25:14-29에 나오는 이야기다.

"또 어떤 사람이 타국에 갈 때 그 종들을 불러 자기 소유를 맡김
과 같으니 각각 그 재능대로 한 사람에게는 금 다섯 달란트를, 한
사람에게는 두 달란트를, 한 사람에게는 한 달란트를 주고 떠났더
니 다섯 란트 받은 자는 바로 가서 그것으로 장사하여 또 다섯 달
란트를 남기고 두 달란트 받은 자도 그같이 하여 또 두 달란트를
남겼으되 한 달란트 받은 자는 가서 땅을 파고 그 주인의 돈을 감
추어 두었더니 오랜 후에 그 종들의 주인이 돌아와 그들과 결산할
새 다섯 달란트 받았던 자는 다섯 달란트를 더 가지고 와서 이르되
주인이여 내게 다섯 달란트를 주셨는데 보소서 내가 또 다섯 달란
트를 남겼나이다 그 주인이 이르되 잘하였도다 착하고 충성된 종아
네가 적은 일에 충성하였으매 내가 많은 것을 네게 맡기리니 네 주
인의 즐거움에 참여할지어다 하고 두 달란트 받았던 자도 와서 이
르되 주인이여 내게 두 달란트를 주셨는데 보소서 내가 또 두 달란
트를 남겼나이다 그 주인이 이르되 잘하였도다 착하고 충성된 종아
네가 적은 일에 충성하였으매 내가 많은 것을 네게 맡기리니 네 주

인의 즐거움에 참여할지어다 하고 한 달란트 받았던 자는 와서 이르되 주인이여 당신은 굳은 사람이라 심지 않은 데서 거두고 헤치지 않은 데서 모으는 줄을 내가 알았으므로 두려워하여 나가서 당신의 달란트를 땅에 감추어 두었었나이다 보소서 당신의 것을 가지셨나이다 그 주인이 대답하여 이르되 악하고 게으른 종아 나는 심지 않은 데서 거두고 헤치지 않은 데서 모으는 줄로 네가 알았느냐 그러면 네가 마땅히 내 돈을 취리하는 자들에게나 맡겼다가 내가 돌아와서 내 원금과 이자를 받게 하였을 것이니라 하고 그에게서 그 한 달란트를 빼앗아 열 달란트 가진 자에게 주라 무릇 있는 자는 받아 풍족하게 되고 없는 자는 그 있는 것까지 빼앗기리라"

이 비유에서 소유를 맡긴 어떤 사람은 하나님이요, 달란트를 받은 자는 사람을 가리킨다. 모든 사람은 저마다 달란트(재능)를 받았다. 어떤 사람은 다섯, 어떤 사람은 둘, 어떤 사람은 한 달란트를 받았다. 각기 능력을 따라 받은 것이다. 비유에 나온 대로 어떤 사람은 열심히 일해서 배로 남겼고 어떤 사람은 땅에 묻어두었다. 남긴 사람과 남기지 못한 사람의 차이는 주인에 대한 선입견에 있었다. 주인은 실패하더라도 시도하는 것을 원하는데 남기지 못한 사람은 시도하는 것 자체를 두려워했다. 달란트를 땅에 묻어두었다가 그대로 가져왔다. 하나님은 남기지 않은 사람을 꾸짖으셨다. 어떤 이들은 자기 일에는 충실하지 않으면서

자기에게는 작은 것이 맡겨졌다고 불평한다. 작은 것에 충실하면 더 많은 것을 맡게 된다. 이것이 이 비유가 주는 교훈이다.

7. 밭에 감추인 보화비유

마태복음 13:44에 나오는 비유의 말씀이다.

"천국은 마치 밭에 감추인 보화와 같으니 사람이 이를 발견한 후 숨겨 두고 기뻐하며 돌아가서 자기의 소유를 다 팔아 그 밭을 사느니라"

이 비유는 천국의 가치에 대한 말씀이다. 어떤 대가를 지불해도 천국은 그 대가보다 더 가치 있다. 자기의 소유를 다 팔아 보화가 감춰져 있는 밭을 살 만큼 천국은 소중한 것이라는 말씀이다. 또 한 가지, 필요한 것은 보화(예수)뿐이지만 밭(교회생활)까지 사야하는 신앙생활의 특성을 잘 말해주고 있다.

8. 선한 사마리아인 비유

누가복음 10:30-37에 나오는 비유의 말씀이다.

"예수께서 대답하여 이르시되 어떤 사람이 예루살렘에서 여리고로 내려가다가 강도를 만나매 강도들이 그 옷을 벗기고 때려 거의 죽은 것을 버리고 갔더라 마침 한 제사장이 그 길로 내려가다가 그

를 보고 피하여 지나가고 또 이와 같이 한 레위인도 그 곳에 이르러 그를 보고 피하여 지나가되 어떤 사마리아 사람은 여행하는 중 거기 이르러 그를 보고 불쌍히 여겨 가까이 가서 기름과 포도주를 그 상처에 붓고 싸매고 자기 짐승에 태워 주막으로 데리고 가서 돌보아 주니라 그 이튿날 그가 주막 주인에게 데나리온 둘을 내어 주며 이르되 이 사람을 돌보아 주라 비용이 더 들면 내가 돌아올 때에 갚으리라 하였으니?네 생각에는 이 세 사람 중에 누가 강도 만난 자의 이웃이 되겠느냐 이르되 자비를 베푼 자니이다 예수께서 이르시되 가서 너도 이와 같이 하라 하시니라"

예수께서는 하나님을 사랑하고, 이웃을 사랑하라고 했다. 그 때 한 젊은이가 누가 이웃인지 물었다. 도와주는 사람이 이웃이라는 이야기다. 유대인들은 사마리아인을 싫어했다. 혼혈인이었기 때문이다. 강도 만난 사람은 유대인이라 할 때 정상적 상황이었다면 그는 사마리아인의 도움을 받아들이지 않았을 것이다. 절박한 상황이었기 때문에 그의 도움을 받았다. 우월의식을 버리고 단순한 마음으로 옆 사람의 도움을 받을 때 서로 이웃이 되고 사랑하는 사이가 된다. 사랑은 이질성을 줄이고 동질성을 극대화하는 것이다. 거기 참 사랑이 있다.

9. 악한 농부 비유

누가복음 20:9-16에 나오는 말씀이다.

"그가 또 이 비유로 백성에게 말씀하시기 시작하시니라 한 사람이 포도원을 만들어 농부들에게 세로 주고 타국에 가서 오래 있다가?때가 이르매 포도원 소출 얼마를 바치게 하려고 한 종을 농부들에게 보내니 농부들이 종을 몹시 때리고 거저 보내었거늘?다시 다른 종을 보내니 그도 몹시 때리고 능욕하고 거저 보내었거늘 다시 세 번째 종을 보내니 이 종도 상하게 하고 내쫓은지라 포도원 주인이 이르되 어찌할까 내 사랑하는 아들을 보내리니 그들이 혹 그는 존대하리라 하였더니 농부들이 그를 보고 서로 의논하여 이르되 이는 상속자니 죽이고 그 유산을 우리의 것으로 만들자 하고 포도원 밖에 내쫓아 죽였느니라 그런즉 포도원 주인이 이 사람들을 어떻게 하겠느냐 와서 그 농부들을 진멸하고 포도원을 다른 사람들에게 주리라 하시니 사람들이 듣고 이르되 그렇게 되지 말아지이다 하거늘"

이 비유에서 포도원 주인은 하나님이요, 소작 농부는 유대인들이었다. 종은 하나님의 심부름을 한 선지자와 예언자들을 의미한다. 그리고 아들은 예수 그리스도 자신을 의미한다. 하나님은 예언자들을 보내 하나님의 주인 되심과 인간의 관리자 됨을 강조하셨다. 그러나 유대인들은 예언자들을 무시하고, 자신들이 주인인 것처럼 행세했다. 하나님은 마지막으로 아들을 보내셨다. 아들 이야기는 들으리라 믿었다. 그런데 유대인들은 아들을 죽였다. 이에 하나님의 구원의 촛대를 이방인들에게 넘겨주셨다. 하나님의 주인 됨을 믿고, 자신이 관리자 된 것을 믿는 사람들에게 하나님의 자녀가 되는 권세를 주시기로 한 것이다.

예수께서는 비유를 통해 하나님 나라를 설명했다. 이 비유말씀으로 인해 하나님의 나라에 대한 개념이 더욱 분명히 전달되었다. 예수의 비유 말씀을 듣는 사람들이 천국 복음을 확실히 이해할 수 있게 되었다.

09 예수의 잠언

1. 교육방법으로서 잠언

잠언이란 가르쳐서 훈계가 되는 말이다. 예를 들어 "백지장도 맞들면 낫다." "구슬이 서 말이라도 꿰어야 보배다"와 같은 잠언은 듣는 사람에게 교육적 가르침이 된다. 잠언은 더 효과적인 가르침을 위해 사용 되었던 것이다. 잠언 외에도 다양한 교육방법이 있었는데 우화, 드라마, 그림 등이 교육적 도구로 사용되었다. 예수께서는 잠언으로 백성들을 교육하셨다.

2. 예수 잠언의 특징

1) 간결하다. 예수의 가르침은 복잡하지 않았다. 단순 명료했다.

2) 잊고 있었던 것을 다시 생각나게 한다.

3) 상황을 재해석하셨다.

4) 기독교적 의미를 부여하셨다.

3. 예수의 잠언들

1) 황금률(마 7:12)

2) 새 술은 새 부대에(막 2:18-22)

3) 좋은 나무, 좋은 열매(마 7:17-18)

4) 속에서 나오는 것이 사람을 더럽힌다(마 7:14-23)

5) 잃으면 구원하리라(막 8: 34-35)

6) 많이 받은 자에게서 많이 찾는다(눅 12:41-48)

7) 이리 중에 보냄 받은 양(마 10:16)

4. 황금률

"**그러므로 무엇이든지 남에게 대접을 받고자 하는 대로 너희도 남을 대접하라 이것이 율법이요 선지자니라(마 7:12)"**

사람들은 인정받고, 사랑받고, 칭찬받고 싶어 한다. 그러면서도 남을 인정해주거나 사랑하거나 칭찬하는 데는 인색하다. 누군가가 나를 이해해 주고, 허물을 덮어주고, 표현하지 못한 의도까지 헤아려주기를 바란다. 그것이 모든 사람의 마음이다. 예수께서는 그런 마음이 모두에게 있으므로 먼저 이해해 주고, 덮어주고, 헤아려 말해주라 하신 것이다. 먼저 대접하는 마음이 성경이 가르치는 핵심적 교훈이라는 말씀이다.

5. 새 술은 새 부대에.

"**요한의 제자들과 바리새인들이 금식하고 있는지라 사람들이 예수께 와서 말하되 요한의 제자들과 바리새인의 제자들은 금식하는**

데 어찌하여 당신의 제자들은 금식하지 아니하나이까 예수께서 그들에게 이르시되 혼인 집 손님들이 신랑과 함께 있을 때에 금식할 수 있느냐 신랑과 함께 있을 동안에는 금식할 수 없느니라 그러나 신랑을 빼앗길 날이 이르리니 그 날에는 금식할 것이니라 생베 조각을 낡은 옷에 붙이는 자가 없나니 만일 그렇게 하면 기운 새 것이 낡은 그것을 당기어 해어짐이 더하게 되느니라 새 포도주를 낡은 가죽 부대에 넣는 자가 없나니 만일 그렇게 하면 새 포도주가 부대를 터뜨려 포도주와 부대를 버리게 되리라 오직 새 포도주는 새 부대에 넣느니라 하시니라(막 2:18-22)"

유대인들은 금식을 하는 종교적 관행이 있었다. 경건한 생활을 한다는 이들은 일주일에 두 번 금식하며 기도했다. 그런데 예수의 제자들은 금식을 하지 않았다. 예수께서 이 비유를 통해 신앙이 지나치게 습관화, 의식화 하는 것은 바람직하지 않다고 지적하셨다. 여기서 '신랑'은 예수 그리스도를 의미한다. 지금 제자들은 신랑과 함께 결혼잔치에 있는 중인데 어떻게 금식을 하겠느냐고 반문하셨다. 신랑을 빼앗기면 자연히 금식하지 않겠느냐는 것이다. 고정관념의 틀 속에다 예수와 그의 제자들을 넣고 진단하여 자르거나 늘리려고 하지 말고 새로운 진리를 받아들일 수 있는 수용성을 가지라고 하신 것이다.

6. 좋은 나무, 좋은 열매

"이와 같이 좋은 나무마다 아름다운 열매를 맺고 못된 나무가 나쁜 열매를 맺나니 좋은 나무가 나쁜 열매를 맺을 수 없고 못된 나무가 아름다운 열매를 맺을 수 없느니라(마 7:17-18)."

사람을 안다는 것은 참으로 어려운 일이다. 착한 사람인지 악한 사람인지 분별하기가 어렵다. 좋은 사람인지 나쁜 사람인지 어떻게 알 수 있는가? 우리는 첫 인상을 가지고 알 수 있다고 생각한다. 그런 면도 있다. 하지만 사람은 사귀어봐야 안다. 열매가 나와야 알게 된다. 그러므로 조급하게 서두르지 말고, 속단하지 말고 기다려보면 그의 사람됨을 알 수 있게 된다. 그때 평가해도 늦지 않다. 맺힌 열매를 보고 평가하고, 자신도 좋은 열매가 맺히는지 점검하며 살아야 한다.

7. 속에서 나오는 것이 사람을 더럽힌다.

"무리를 다시 불러 이르시되 너희는 다 내 말을 듣고 깨달으라 무엇이든지 밖에서 사람에게로 들어가는 것은 능히 사람을 더럽게 하지 못하되 사람 안에서 나오는 것이 사람을 더럽게 하는 것이니라 하시고 무리를 떠나 집으로 들어가시니 제자들이 그 비유를 묻자온대 예수께서 이르시되 너희도 이렇게 깨달음이 없느냐 무엇이든지 밖에서 들어가는 것이 능히 사람을 더럽게 하지 못함을 알지 못하느냐 이는 마음으로 들어가지 아니하고 배로 들어가 뒤로 나감 이라 이러므로 모든 음식물을 깨끗하다 하시니라?또 이르시되 사 람에게서 나오는 그것이 사람을 더럽게 하느니라 속에서 곧 사람의 마음에서 나오는 것은 악한 생각 곧 음란과 도둑질과 살인과 간음 과 탐욕과 악독과 속임과 음탕과 질투와 비방과 교만과 우매함이니 이 모든 악한 것이 다 속에서 나와서 사람을 더럽게 하느니라(마 7:14-23)."

유대인들이 지금도 철저히 지키는 것이 있다. 안식일과 정결예법 이다. 안식일은 창조 후 쉬셨던 것을 기념한 날로 하나님께서 구별하 여 지키라고 하셨다. 유대인들은 그 명령에 철저히 순종하려고 노력 한다. 또 하나는 음식을 먹는 것과 관련된 정결예법이다. 음식을 먹 을 때 지켜야할 원칙이 있었고, 먹기 전에 지켜야할 율법이 있었다. 먹기 전에는 반드시 손을 씻어야 했다. 다분히 위생적인 의미가 강한 대목이다. 예수의 제자들이 손을 씻는 것을 잊어버리곤 했던 것 같 다. 바리새인들이 그것을 시비삼아 비난하자 예수께서 이렇게 말씀 하셨다. "사람 안에서 나오는 것이 사람을 더럽힌다." 사람 몸속으로 들어가는 음식물이나 손이 아무리 더러워도 사람 안에서 나오는 것 에 비하며 그리 더럽지 않다는 것이다. 그러므로 진짜 주의할 것은 몸에서 밖으로 나오는 것들을 주의해야 한다는 말씀이었다. 시기, 질 투, 미움, 다툼은 모두 안에서 나오는 것들이다. 이런 것들을 챙겨서 깨끗하게 하는 것이 더 우선적인 것이라는 말씀이었다.

8. 잃으면 구원하리라(막 8: 34-35)

"무리와 제자들을 불러 이르시되 누구든지 나를 따라오려거든 자기를 부인하고 자기 십자가를 지고 나를 따를 것이니라 누구든지 자기 목숨을 구원하고자 하면 잃을 것이요 누구든지 나와 복음을 위하여 자기 목숨을 잃으면 구원하리라"

예수께서 생명보전의 원칙을 말씀하신 것이다. 사람들은 움켜쥐는 것이 보전의 필수적 조건이라고 생각한다. 그런데 예수께서는 잃을 때, 줄 때, 버릴 때 도리어 얻게 된다고 말씀하셨다. 생명 보전의 길은 생명 투자에 있다고 하셨다. 예수의 제자가 되려고 하는 사람들은 이 원칙을 이해해야 한다. 그리고 이 진리에 자신을 걸어야 한다. 예수께서는 십자가에 자신의 목숨을 내 놓으셨다. 그 결과 많은 사람들의 생명을 얻었다. 썩어지는 한 알의 밀알이 될 때 많은 열매를 맺게 될 것이다.

9. 많이 받은 자에게서 많이 찾는다.

"베드로가 여짜오되 주께서 이 비유를 우리에게 하심이니이까 모든 사람에게 하심이니이까?주께서 이르시되 지혜 있고 진실한 청지기가 되어 주인에게 그 집 종들을 맡아 때를 따라 양식을 나누어

줄 자가 누구냐 주인이 이를 때에 그 종이 그렇게 하는 것을 보면 그 종은 복이 있으리로다 내가 참으로 너희에게 이르노니 주인이 그 모든 소유를 그에게 맡기리라 만일 그 종이 마음에 생각하기를 주인이 더디 오리라 하여 남녀 종들을 때리며 먹고 마시고 취하게 되면 생각하지 않은 날 알지 못하는 시각에 그 종의 주인이 이르러 엄히 때리고 신실하지 아니한 자의 받는 벌에 처하리니?주인의 뜻을 알고도 준비하지 아니하고 그 뜻대로 행하지 아니한 종은 많이 맞을 것이요 알지 못하고 맞을 일을 행한 종은 적게 맞으리라 무릇 많이 받은 자에게는 많이 요구할 것이요 많이 맡은 자에게는 많이 달라 할 것이니라(눅 12:41-48)."

이 비유에서 핵심이 되는 주제는 누가 많이 받은 사람인가라는 데 있다. 세상에는 많이 받은 사람이 있고 적게 받은 사람이 있다. 많이 받은 사람은 많이 아는 사람, 능력이 있는 사람, 높은 자리에 앉은 사람, 기회를 얻은 사람이 많이 받은 사람이다. 하나님은 더 많이 받은 사람에게서 더 많이 받겠다고 하신다. 지위와 직책과 지도력에 따라 책임을 묻겠다는 것이다. 그러므로 그러한 자리에 있는 사람은 맡은 바 책임을 생각하고 성실히 일해야 할 것이다.

10. 이리 중에 보냄 받은 양

"보라 내가 너희를 보냄이 양을 이리 가운데로 보냄과 같도다 그러므로 너희는 뱀 같이 지혜롭고 비둘기 같이 순결하라(마 10:16)."

예수께서는 제자들을 부르시어 능력을 주시고, 세상으로 파송하셨다. 본문은 파송 받아 세상으로 나가는 제자들을 향하여 하신 말씀이다. 기독교인은 양과 같다는 것이다. 양은 공격무기가 없다. 나약하다. 목자를 필요로 한다. 목자의 인도를 받은 양은 나약하지만 엄청난 역사를 이루어낸다. 그것은 역사가 입증한다. 그러므로 그리스도의 제자들은 세상에서 변신에 변신을 거듭하는 우를 범하면 안 된다. 고난과 핍박을 받더라도 끝까지 양으로 살아가야한다. 그런 사람들을 통해 하나님의 나라는 확장되어간다.

예수의 잠언을 공부했다. 예수의 잠언은 구약성경에 나타난 잠언과 다른 점이 있다. 구약에서는 세상에서 '지혜롭게' 사는 것에 대해 말하지만 예수께서는 세상에서 그리스도의 제자로 사는 길에 대해 말씀하셨다. 그 길은 때로 고난의 길이 되고, 시련 받는 삶이되기도 한다. 하지만 종국에는 승리하는 생을 살게 된다.

memo

10 예수의 기적

1. 이적의 의미

사전적으로 볼 때 '이적'은 자연법칙을 넘거나 그 법칙들에 대한 우리의 지식을 초월한 사건이라 정의된다. 헬라어로 모페트(깜짝 놀랄 일), 듀나미스(파괴력 넘치는 힘)같은 용어가 사용되었지만 요한복음에서는 세메이온(말씀적 의미가 들어 있는 사건)이라는 단어가 사용되었다. 기적은 단지 놀랄 일을 넘어 그 안에 말씀적인 의미가 들었다는 뜻이다.

2. 이적의 종류

예수 그리스도가 베푸신 이적은 35개정도 되는데 대부분 병 고치는 사건과 관련되어 있고, 7가지만 자연과 관련되어 있다. 여러 기적

가운데 몇 가지만 공부해 보자.

1) 물로 포도주를 만드신 사건(요 2:1-11)

2) 베데스다못가의 38년 된 병자 이야기(요 5:1-18)

3) 치유 받고 수종드는 여인(막 1:29-31)

4) 오병이어(요 6:5-13)

5) 소경 바디매오를 고치신 사건(막 10:46-52)

6) 만선의 체험(눅 5:1-11)

7) 한 사람의 감사(눅 17: 11-19)

3. 이적을 베푸신 목적

이적을 베푸신 목적은 병자를 건강케 하고자 함에도 있었지만 예

수 그리스도의 신적 권위를 확증하기 위해 기적을 베푸셨다. 말씀을
전하지만 기적이 뒷받침할 때 비로소 말씀의 권세가 더해졌기 때문
이었다. 물로 포도주를 만든 사건이 있은 후 비로소 제자들이 예수를
믿었다고 기록하고 있는 것을 볼 수 있다. 이적은 우연히 일어난 사
건이 아니라 그 안에 말씀적인 의미가 들어있었던 것이다.

4. 물로 포도주를 만드신 사건(요 2:1-11)

요한복음 2:1-11에 나오는 말씀이다.

**"사흘째 되던 날 갈릴리 가나에 혼례가 있어 예수의 어머니도 거
기 계시고 예수와 그 제자들도 혼례에 청함을 받았더니 포도주가
떨어진지라 예수의 어머니가 예수에게 이르되 저들에게 포도주가
없다 하니 예수께서 이르시되 여자여 나와 무슨 상관이 있나이까
내 때가 아직 이르지 아니하였나이다?그의 어머니가 하인들에게
이르되 너희에게 무슨 말씀을 하시든지 그대로 하라 하니라 거기에
유대인의 정결 예식을 따라 두세 통 드는 돌 항아리 여섯이 놓였는
지라 예수께서 그들에게 이르시되 항아리에 물을 채우라 하신즉 아
귀까지 채우니 이제는 떠서 연회장에게 갖다 주라 하시매 갖다 주
었더니 연회장은 물로 된 포도주를 맛보고도 어디서 났는지 알지
못하되 물 떠온 하인들은 알더라 연회장이 신랑을 불러 말하되 사**

람마다 먼저 좋은 포도주를 내고 취한 후에 낮은 것을 내거늘 그대
는 지금까지 좋은 포도주를 두었도다 하니라?예수께서 이 첫 표적
을 갈릴리 가나에서 행하여 그의 영광을 나타내시매 제자들이 그를
믿으니라"

이 기적은 예수께서 베푸신 첫 번째 이적이었다. 예수께서 가나에
있는 결혼식에 가셨다가 포도주가 떨어졌으니 도와달라는 어머니의
이야기를 듣고 일으키신 기적이다. 이 기적이 갖는 교훈을 몇 가지로
정리해보았다.

첫째, 예수께서 결혼식 피로연에서 기적을 베푸셨다는 것은 절대
빈곤만이 기적의 조건이 아니었음을 의미한다. 첫 기적을 파티장에
서 일으키셨다.

둘째, 예수는 사람들에게 기쁨을 주려고 오셨다.

셋째, 예수는 존재를 바꾸시는 분이다. 예수는 맹물 같은 사람을
포도주처럼 맛있는 사람이 되게 하신다.

넷째, 순종이 기적을 낳는다. 순종하며 거드는 사람들을 통해 기적
은 구체화되었다.

다섯째, 하나님의 역사는 시작보다 마지막이 더 좋다는 의미도 내
포하고 있다.

5. 베데스다못가의 38년 된 병자 이야기

요한복음 5:1-9에 나오는 사건이다.

"그 후에 유대인의 명절이 되어 예수께서 예루살렘에 올라가시니라 예루살렘에 있는 양문 곁에 히브리 말로 베데스다라 하는 못이 있는데 거기 행각 다섯이 있고?그 안에 많은 병자, 맹인, 다리 저는 사람, 혈기 마른 사람들이 누워 물의 움직임을 기다리니?이는 천사가 가끔 못에 내려와 물을 움직이게 하는데 움직인 후에 먼저 들어가는 자는 어떤 병에 걸렸든지 낫게 됨이러라?거기 서른여덟 해 된 병자가 있더라 예수께서 그 누운 것을 보시고 병이 벌써 오래된 줄 아시고 이르시되 네가 낫고자 하느냐 병자가 대답하되 주여 물이 움직일 때에 나를 못에 넣어 주는 사람이 없어 내가 가는 동안에 다른 사람이 먼저 내려가나이다 예수께서 이르시되 일어나 네 자리를 들고 걸어가라 하시니 그 사람이 곧 나아서 자리를 들고 걸어가니라"

베데스다라는 간헐 온천이 있었다. 속설에 온천물이 터질 때 맨 먼저 뛰어들면 낫는다고 해서 이 병자가 이곳에 왔다. 그 사람 뿐만은 아니었다. 많은 환자들이 이곳에 모여 있었다. 예수께서 그에게 물었다. 낫고자 하느냐? 간단한 질문이다. 그러나 이 환자는 "물이 동할 때 넣어줄 사람이 없다"고 대답했다. 절망하고 있었던 것이다. 예수께서 절망하여 대답도 제대로 하지 못하는 이 사람을 탓하지 않으시고, 자리를 들고 걸어가라고 했다. 이 사람이 말씀대로 순종했다. 38 년 동안 불가능했던 일이 일어났다. 깨끗하게 고침 받게 된 것이다. 한 사람도 도와주는 사람이 없다고 생각했는데 고쳐주는 사람이 있었다. 예수 그리스도셨다.

6. 치유 받고, 수종드는 여인

마가복음 1:29-31에 나오는 이야기다.

"회당에서 나와 곧 야고보와 요한과 함께 시몬과 안드레의 집에 들어가시니 시몬의 장모가 열병으로 누워 있는지라 사람들이 곧 그 여자에 대하여 예수께 여짜온대?나아가사 그 손을 잡아 일으키시니 열병이 떠나고 여자가 그들에게 수종드니라"

유대인들은 안식일을 지키고 어려운 형편에 놓인 사람들을 방문하여 위로하는 것을 큰 미덕으로 여기고 있었다. 예수께서 안식일을 지키고 제자들과 함께 베드로의 집을 방문했다. 장모가 앓고 있었기 때문이었다. 아마 장티푸스를 앓고 있었던 것 같다. 예수께서 손을 잡아 일으키자 곧 낫게 되었다. 낫자마자 베드로의 장모는 찾아온 일행을 섬겼다. 이 사건이 교훈하는 바는 무엇인가? 그리스도를 따르는 자들의 모든 문제는 예수께서 책임지시고 수습해주신다는 메시지가 담겨있다.

7. 오병이어

유명한 오병이어의 기적이다. 모든 복음서에 다 나오는데 요한복음 6:5-13의 본문을 읽어보자.

"거기 서른여덟 해 된 병자가 있더라 예수께서 그 누운 것을 보시고 병이 벌써 오래된 줄 아시고 이르시되 네가 낫고자 하느냐 병자가 대답하되 주여 물이 움직일 때에 나를 못에 넣어 주는 사람이 없어 내가 가는 동안에 다른 사람이 먼저 내려가나이다?예수께서 이르시되 일어나 네 자리를 들고 걸어가라 하시니 그 사람이 곧 나아서 자리를 들고 걸어가니라 이 날은 안식일이니 유대인들이 병 나은 사람에게 이르되 안식일인데 네가 자리를 들고 가는 것이 옳지 아니하니라 대답하되 나를 낫게 한 그가 자리를 들고 걸어가라 하더라 하니 그들이 묻되 너에게 자리를 들고 걸어가라 한 사람이 누구냐 하되 고침을 받은 사람은 그가 누구인지 알지 못하니 이는 거기 사람이 많으므로 예수께서 이미 피하셨음이라"

떡 다섯 덩이와 물고기 두 마리를 가지고 오천 명을 먹였다는 이야기다. 오천 명이나 되는 사람들이 예루살렘으로 올라가는 길에 벳세다 들녘에서 예수의 말씀을 듣고 있었다. 식사할 때가 되었으나 먹을 것이 없었다. 빌립은 200데나리온 어치의 빵이 필요하다고 했다. 그때 안드레가 한 어린이가 바친 떡과 생선을 가지고 왔다. 그때 예수께서 축사하셨고, 제자들이 떼어 나눠주자 5,000명이 먹고 남게 되었다. 요한복음에서는 이 이야기가 성찬식의 의미로 해석되고 있다. 예수는 모든 사람에게 생명을 주는 떡이라고 했다. 이 기적의 의미는 거기 있다는 것이다. 사람은 빵(음식)을 먹어야만 산다. 이 빵은 곧 예수 그리스도라고 했다. 여기 오병이어 기적의 의미가 있다.

8. 소경 바디매오를 고치신 사건

마가복음 10:46-52에 나온 기적이다.

"그들이 여리고에 이르렀더니 예수께서 제자들과 허다한 무리와 함께 여리고에서 나가실 때에 디매오의 아들인 맹인 거지 바디매오가 길 가에 앉았다가 나사렛 예수시란 말을 듣고 소리 질러 이르되 다윗의 자손 예수여 나를 불쌍히 여기소서 하거늘 많은 사람이 꾸짖어 잠잠하라 하되 그가 더욱 크게 소리 질러 이르되 다윗의 자손이여 나를 불쌍히 여기소서 하는지라 예수께서 머물러 서서 그를 부르라 하시니 그들이 그 맹인을 부르며 이르되 안심하고 일어나라 그가 너를 부르신다 하매 맹인이 겉옷을 내버리고 뛰어 일어나 예수께 나아오거늘 예수께서 말씀하여 이르시되 네게 무엇을 하여 주기를 원하느냐 맹인이 이르되 선생님이여 보기를 원하나이다 예수께서 이르시되 가라 네 믿음이 너를 구원하였느니라 하시니 그가 곧 보게 되어 예수를 길에서 따르니라"

이 기적의 초점은 바디매오에게 맞출 필요가 있다. 왜냐하면 그는 걸인이었다. 하지만 예수가 병을 고친다는 소문을 들어두었다. 그리고 그 분이 지나가자 곧바로 도움을 청했다. 예수께서 소리 지르는 바디매오에게 원하는 것이 무엇이냐고 묻자 보기를 원한다고 대답했다. 그는 자신이 원하는 것이 무엇인지를 분명히 알고 있는 사람이었다. 그때 기적이 일어났다. 보게 된 것이다.

9. 만선의 체험

베드로가 만선을 경험한 사건이다. 누가복음 5:1-11에 소개되어 있다.

"무리가 몰려와서 하나님의 말씀을 들을새 예수는 게네사렛 호숫가에 서서 호숫가에 배 두 척이 있는 것을 보시니 어부들은 배에서 나와서 그물을 씻는지라 예수께서 한 배에 오르시니 그 배는 시몬의 배라 육지에서 조금 떼기를 청하시고 앉으사 배에서 무리를 가르치시더니 말씀을 마치시고 시몬에게 이르시되 깊은 데로 가서 그물을 내려 고기를 잡으라 시몬이 대답하여 이르되 선생님 우리들이 밤이 새도록 수고하였으되 잡은 것이 없지마는 말씀에 의지하여 내가 그물을 내리리이다 하고 그렇게 하니 고기를 잡은 것이 심히 많아 그물이 찢어지는지라 이에 다른 배에 있는 동무들에게 손짓하여 와서 도와 달라 하니 그들이 와서 두 배에 채우매 잠기게 되었더라 시몬 베드로가 이를 보고 예수의 무릎 아래에 엎드려 이르되 주여 나를 떠나소서 나는 죄인이로소이다 하니 이는 자기 및 자기와 함께 있는 모든 사람이 고기 잡힌 것으로 말미암아 놀라고 세베대의 아들로서 시몬의 동업자인 야고보와 요한도 놀랐음이라 예수께서 시몬에게 이르시되 무서워하지 말라 이제 후로는 네가 사람을 취하리라 하시니 그들이 배들을 육지에 대고 모든 것을 버려두고 예수를 따르니라"

예수께서 베드로의 배 위에서 말씀을 전하셨다. 얼마동안 빌려 쓰신 셈이다. 배 삯을 주시려고 예수께서 깊은 곳에 가서 그물을 내리라고 했다. 지난 밤 한 마리의 물고기도 잡지 못해서 지쳐 있던 베드로 일행은 난색을 표명했다. 왜냐하면 이 호수에 대해서는 자신이 잘 알고 있었기 때문이었다. 그래도 베드로는 순종한다. 놀라운 일이 벌어졌다. 배 가득히 물고기를 잡게 된 것이다. 그때 베드로는 이렇게 고백했다 "나는 죄인입니다." 예수께서 일으키신 큰 역사 앞에서 자신의 무능함과 무자격을 고백한 것이다. 예수께서 베드로에게 말씀하셨다. "나를 따라 오너라 사람 낚는 어부가 되게 해 주겠다." 베드로는 큰 성공을 맛 본 자리에서 예수의 제자가 되기로 결단했다. 예수의 이적이 베드로의 마음 안에 또 다른 이적을 만들고 있었다.

10. 한 사람의 감사

열 명이 고침 받았으나 그 중 한 사람만 감사의 인사를 드린 이야기다. 누가복음 17: 11-19에 나와 있는 이야기다.

"예수께서 예루살렘으로 가실 때에 사마리아와 갈릴리 사이로 지나가시다가 한 마을에 들어가시니 나병환자 열 명이 예수를 만나 멀리 서서 소리를 높여 이르되 예수 선생님이여 우리를 불쌍히 여기소서 하거늘 보시고 이르시되 가서 제사장들에게 너희 몸을 보이라 하셨더니 그들이 가다가 깨끗함을 받은지라 그 중의 한 사람이 자기가 나은 것을 보고 큰 소리로 하나님께 영광을 돌리며 돌아와 예수의 발아래에 엎드리어 감사하니 그는 사마리아 사람이라 예수께서 대답하여 이르시되 열 사람이 다 깨끗함을 받지 아니하였느냐 그 아홉은 어디 있느냐? 이 이방인 외에는 하나님께 영광을 돌리러 돌아온 자가 없느냐 하시고 그에게 이르시되 일어나 가라 네 믿음이 너를 구원하였느니라 하시더라"

한센병을 앓고 있던 10명의 환자가 있었다. 불치의 병을 앓고 소외

된 가운데 살아가고 있는 불쌍한 사람들이었다. 예수께서 불쌍히 여기시고 고쳐주셨다. '제사장에게 너희 몸을 보이라'고 한 것은 당시 풍습으로 고침을 받은 다음 제사장에게 확인을 받도록 하고 있었기 때문이었다. 열 명의 사람들이 고침을 받았다. 흥미로운 것은 한 사람만 감사의 인사를 드리러 왔다는 것이다. 은혜는 똑같이 받았지만 반응이 달랐다. 9명은 어디로 간 것일까? 왜 오지 않았을까? 여러 가지 추측을 해볼 수 있다. 문제는 오지 않았다는 데 있다. 단 하나 사람만 감사의 인사를 드리러 왔다. 이 한 사람만 병도 고침 받고 영혼도 구원받았다.

11 성령 하나님

1. 성령은 누구신가?

성경에는 성령에 대해 여러 가지로 부르고 있다. 영, 보혜사, 하나님의 영 등의 이름을 사용한다. 영은 바람, 호흡 혹은 생기를 의미하고, 보혜사는 위로자란 뜻이다. 하나님의 영이란 개념은 삼위일체 하나님의 한 위격으로서 하나님을 지칭할 때 사용되었다. 성령 하나님은 하나님 중 한 분이며, 우리와 함께 하시며 여러 가지 사역을 하고 계신다.

2. 성령은 어떤 일을 하시는가?

1) 하나님의 자녀된 것을 확증해주시는 분이다.

고린도전서 12:3을 읽어보자. **"그러므로 내가 너희에게 알리노니 하나님의 영으로 말하는 자는 누구든지 예수를 저주할 자라 하지 아니하고 또 성령으로 아니하고는 누구든지 예수를 주시라 할 수 없느니라"**고 했다. 성령께서는 우리 안에 내주하시면서 예수 그리스도를 주라 시인할 수 있게 하신다. 우리가 하나님의 자녀된 것을 확증해 주신다. 예수와 함께 3년 동안 동고동락했던 제자들도 성령의 강림 전까지는 예수를 주라 시인하지 못했다. 성령의 강림 이후 비로소 예수를 주라 시인하게 되었던 것이다. 성령께서는 지금도 우리 안에 내주하시면서 예수를 주라 시인하게 하신다.

2) 담대함을 주신다.

예수의 제자들은 비겁했다. 스승이 무리들에게 붙잡히자 곧바로 모른다고 부인하고 나섰다. 그리고 예수와 함께 잡혀 죽임 당할까봐 예루살렘을 떠나 시골로 낙향했었다. 그런 제자들이 어느 날 갑자기 변했다. 사도행전 4:31에 이렇게 기록하고 있다. **"빌기를 다하매 모인 곳이 진동하더니 무리가 다 성령이 충만하여 담대히 하나님의 말씀을 전하니라."** 제자들에게 변화가 생긴 이유가 소개되어 있다. "성령으로 충만해지면서"부터였다. 성령으로 충만해지자 담대함을 얻게 되었다. 성령께서 우리에게 주시는 또 하나의 선물은 용기이다. 용맹스럽게 이리가 득실거리는 세상 속으로 뛰어들 수 있게 하시는 분은 성령이시다.

3) 충만케 하시는 분이다.

인생의 비극 중 하나는 뭔가 텅 비어있다는 느낌으로부터 온
다. 꽉 차 있는 느낌이 없이 뭔가가 모자란다는 느낌이 들 때
느끼는 절망감은 사람의 힘으로 어찌 할 수 없는 부분이다. 그
런 인간들의 삶을 충만하게 만들어주시는 분이 있다. 성령이
시다. 에베소서 5:18에 이렇게 쓰여 있다. **"술 취하지 말라 이
는 방탕한 것이니 오직 성령으로 충만함을 받으라"**
어떤 사람은 술로 충만해 있다. 그것은 방탕으로 이어진다. 오
직 성령으로 충만해질 때 뭔가 모자란다고 느꼈던 부분이 꽉
채워지면서 "절정"의 감정을 누리며 살게 된다.

4) 열매를 맺게 하시는 분이다.

성령께서 하시는 또 하나의 중요한 사역은 열매 맺게 하는 것이
다. 갈라디아서 5:22-23에 이런 말씀이 있다. "오직 성령의
열매는 사랑과 희락과 화평과 오래 참음과 자비와 양선과 충
성과 온유와 절제니 이 같은 것을 금지할 법이 없느니라" 여기
성령의 9가지 열매가 소개되어 있다.

■ 사랑 – 상대방을 사랑하여 매력 있는 사람이 되게 한다.

- 희락 – 기쁨이다.
- 화평 – 문제를 수습하는 사람으로 살게 하신다.
- 오래 참음 – 힘든 사람과 어려운 환경을 견뎌내게 하신다.
- 자비 – 구체적으로 베푸는 사랑이다.
- 양선 – 선함을 쌓고, 길러가게 한다.
- 충성 – 믿게 하시고, 동시에 믿을 만한 사람이 되게 하신다.
- 온유 – 친절한 사람이 되게 하는 동시에 예 할 것과 아니오 할 것을 분별케 한다.
- 절제 – 제한 할 줄 알게 한다.

5) 은사를 주시는 분이다.

성령께서는 사람들에게 은사를 주신다. 은사는 은혜와 비슷한 단어이지만 매우 다는 개념이다. 은혜는 모든 사람이 받는 것이지만 은사는 개인적이다. 고린도전서 12:8-11에 나오는 말씀을 읽어보자.

"어떤 사람에게는 성령으로 말미암아 지혜의 말씀을, 어떤 사람에게는 같은 성령을 따라 지식의 말씀을, 다른 사람에게는 같은 성령으로 믿음을, 어떤 사람에게는 한 성령으로 병 고치는 은사를, 어떤 사람에게는 능력 행함을, 어떤 사람에게는 예언함을, 어떤 사람에게는 영들 분별함을, 다른 사람에게는 각종 방언 말함을, 어떤 사람에게는 방언들 통역함을 주시나니

이 모든 일은 같은 한 성령이 행하사 그의 뜻대로 각 사람에게 나누어 주시는 것이니라"

성령께서는 각각의 사람에게 독특한 은사를 주신다. 독특한 은사를 가지고 자기만의 특기를 갖고 살게 하신다.

6) 그리스도의 십자가 사건을 현재화 하신다.

인생 최대의 기적은 예수 그리스도가 나를 위해 십자가에 죽었다고 믿어지는 것이다. 그 믿음이 생긴 후 예수께서 하신 말씀과 가르침이 생각나게 하시는 분이 성령이시다. 요한복음 14:26을 보자. "보혜사 곧 아버지께서 내 이름으로 보내실 성령 그가 너희에게 모든 것을 가르치고 내가 너희에게 말한 모든 것을 생각나게 하리라" 성령은 어떤 분인가? 그 분은 예수께서 가르쳐주셨던 것, 그리고 지금 우리가 어디로 가야할 지에 관한 모든 것을 생각나게 하시는 분이다.

memo

12 기독교인의 영성(1)

1. 영성이란 무엇인가?

기독교 영성이란 예수 그리스도로 인해 고침 받고 씻음 받아 사랑과 성결의 삶을 살아가는 것이다. 바른 기독교 영성의 소유자들은 구원받고, 썩어지는 한 알의 밀알이 되는 삶을 살아간다. 20세기를 빛낸 인물 가운데 한 분인 슈바이처 박사는 의사였고, 신학자였다. 동시에 그는 오르간 연주자이기도 했다. 세상적으로 말하자면 출세하고 돈도 많이 벌 수 있는 위치에 있는 사람이었다. 그런 슈바이처가 아프리카 오지로 가서 복음을 전했다. 그 사람들을 위해 기꺼이 썩어지는 한 알의 밀알이 되었다. 그것이 기독교영성이다.

2. 기독교 영성은 어떻게 길러지는가?

기독교 영성은 거듭남을 통해 씨앗이 심겨진다. 중생의 경험에서 기독교 영성은 시작된다. 기독교인으로 출생하는 것이다. 그리고 다양한 종류의 훈련을 통해 기독교 영성을 가진 자로 성장하게 된다. 영성은 태어나면서부터 갖고 있는 그 무엇이 아니라 그리스도를 영접함으로 잉태되고, 훈련을 통해 자라간다. 이 과정에서 "자아의 부정"은 필수적이다. 자기를 부정하고 훈련을 통해 그리스도와 같은 사람으로 성장해 가야 한다.

영성이 길러지는 방법을 정리해본다.

1) 말씀훈련

신앙생활은 먹는 것에 비유된다. 하나님의 말씀은 영적 양식이요, 이 양식을 잘 먹을 때 신앙이 성장한다는 의미이다. 하나님의 말씀에는 세 종류가 있다고 신학자 칼 바르트가 말했다.

a. 세 종류의 말씀

- 기록된 말씀이 있다. 이는 성경책으로 구약 39권, 신약 27권으로 총 66권의 성경책이 있다. 성경은 창세기 1:-11장에서 모든 인류의 문제를 다루고, 12장부터 말라기는 선민 이스라엘의 역사를 다루고 있다. 그리고 신약성

경에는 예수 그리스도의 탄생에서 교회의 성장과정을 소
개하고 있다. 이 말씀을 읽을 때 영성은 자라간다.

■ 성육화 하신 말씀이 있다. 이는 예수 그리스도이시다. 그
분 자체가 말씀이시다.

■ 선포되는 말씀이다. 선포되는 말씀은 설교말씀으로 그
시대를 사는 사람들에게 주시는 하나님의 말씀이다.

b. 말씀과의 만남

하나님의 말씀과 접촉되고, 말씀으로 채워지면서 우리는 새
로운 경험을 하게 된다. 말씀이 흘러넘쳐서 가치관이 되고,
핵심 신념이 되는 단계에 이르게 된다. 읽고, 암송하여 자기
것으로 삼을 때 말씀에 물들여지게 된다. 말씀에 의해 물들
여진 사람은 세상을 말씀으로 물들이는 생을 살아가게 된
다.

2) 기도훈련

기도는 영혼의 호흡과 같다. 나쁜 공기를 내보내고 좋은 공기
를 들이마시는 것과 같다.

a. 기도의 모델

예수께서 가르쳐주신 주기도는 좋은 기도의 모델이다. 마태
복음 6:19-23을 보자.

"그러므로 너희는 이렇게 기도하라 하늘에 계신 우리 아버지여 이름이 거룩히 여김을 받으시오며 나라가 임하시오며 뜻이 하늘에서 이루어진 것 같이 땅에서도 이루어지이다 오늘 우리에게 일용할 양식을 주시옵고 또는 내일 양식을 우리가 우리에게 죄 지은 자를 사하여 준 것 같이 우리 죄를 사하여 주시옵고 우리를 시험에 들게 하지 마시옵고 다만 악에서 구하시옵소서 (나라와 권세와 영광이 아버지께 영원히 있사옵나이다 아멘"

주의 기도는 몇 가지 구성 요소를 갖고 있다. 먼저 기도의 대상을 부른다. 다음으로는 하나님과 관련된 이야기를 한다. 그리고 자신에게 필요한 것을 구한다. 이것은 좋은 기도의 모델이다. 이 형식을 따라 기도할 때 좋은 기도라 할 수 있다.

b. 기도의 종류
여러 형태가 있지만 크게 두 가지로 나눠본다.

■ 말하는 기도
말하는 기도는 자신이 바라는 것을 하나님께 아뢰는 것이다. 하나님께 우리가 필요한 것을 구하면 하나님은 허락하시거나, 기다리라고 하시거나 안 된다고 하신다. 말했다고 모든 것이 되는 것은 아니다. 어떤 기도는 거절된

세ᅵᅵᅡᅵᅡᅵᅵᅵᅩ

다.

- 듣는 기도

흔히 기도를 부르짖는 것이라 생각하지만 또 하나의 기도가 있다. 그것은 듣는 것이다. 이것은 수도사 베네딕도가 '거룩한 읽기'라고 가르쳐준 것과 깊은 관련이 있다. 먼저 성경을 읽고, 그 다음 묵상하고 하나님이 기도자에게 말씀하시는 것을 듣는 기도다.

3. 순종훈련

성경의 위대한 역사는 순종과 깊은 관련이 있다. 하나님은 순종하는 사람들을 통해 위대한 역사를 이루셨다. 그러므로 영적 성장에서 순종은 매우 중요한 덕목이 된다. 현대 사회에서 순종은 더 이상 가치가 없는 덕목인 것처럼 여겨지지만 현대사회에서도 위대한 역사는 순종하는 사람들을 통해 이뤄진다.

1) 순종의 사람들

성경에 있는 많은 인물들이 하나님께 순종했다. 아브라함이 그랬고, 야곱이 그랬고, 요셉이 그랬다. 예수 그리스도 역시 하나님의 뜻에 순종했다.

110

2) 순종의 대상

누구에게 순종할 것인가? 하나님께 순종해야 한다. 권위를 가진 이들에게 순종해야 한다. 나아가 가족들에게도 순종해야 한다.

13 기독교인의 영성(2)

계속해서 영적 성장의 방법에 대해 살펴보겠다. 영의 성장은 말씀과 기도가 기초가 되지만 그 외에도 다양한 방법이 있다. 순종, 단순화 훈련, 섬김 훈련, 침묵 훈련, 섬김 훈련, 하나님의 음성을 듣는 훈련을 통해 하나님의 사람으로 성장한다.

4. 단순화 훈련

단순하게 산다는 것은 거룩한 중심을 가지고 산다는 뜻이다. 현대인들은 일 중심, 성취 중심, 돈 중심 등 다양한 중심을 가지고 사는데 분주할 뿐 행복하지 못하다. 거룩한 중심을 잃었기 때문이다. 단순하게 산다는 것은 하나님의 나라와 그의 의에 중심을 두고 사는 것이다.

1) 단순함을 추구하는 사람들의 특징

영성학자 리챠드 포스터는 단순하게 사는 사람들의 특징으로
다음과 같이 말했다.

- 사용하지 않는 물건은 남에게 줘버린다.
- 꾸밈이 없고 정직하다.
- '지금 사고 값은 나중에' 라는 도식에 휘말리지 않는다.
- 어떤 것을 탐닉하지 않는다.
- 자신의 목적을 위해 남을 수단으로 이용하지 않는다.
- 소유하지 않고 즐기는 법을 배운다.
- 할 수 있는 것과 할 수 없는 것을 구분한다.

2) 단순함과 청빈

단순한 삶과 관련된 또 하나의 주제는 청빈이다. 청빈이란 그
리스도를 얻었기에 모든 것을 잃어버리는, 주며 사는 생활이
다. 돈과 시간과, 지식과 자신까지 주는 것, 나아가 그리스도
를 주는 것, 그것이 청빈의 삶이다.

많은 사람들이 단순하게 살기 원하면서도 그리하지 못하는 이
유는 두려움 때문이다. 염려를 주께 맡기고 내 운명 전체가 하
나님 안에 있음을 믿고 살아갈 때 단순한 삶을 살 수 있게 된
다.

5. 섬김 훈련

하나님이 창조하신 본래성을 회복하도록 도와주는 행위를 총칭하여 섬김이라 부른다. 섬김은 단지 도어맨이 되는 것이 아니라 하나님이 만드신 참 모습을 회복하도록 도와주는 것을 의미한다. 그 섬김의 모범을 보이신 분은 예수 그리스도셨다.

1) 여러 종류의 섬김

- 남을 대접하는 섬김이 있다.
- 작은 일의 봉사도 있다. 휴지를 줍는다든지..
- 예절 바른 것도 또 하나의 섬김이다.
- 남의 이야기를 들어주는 것도 섬김이 된다.
- 구설수를 막아주는 것도 섬김이다.
- 생명의 말씀을 나누는 것도 섬김이다.
- 때로 섬김을 받는 것도 섬김이다.

2) 참다운 섬김과 위선적인 섬김

- 참다운 섬김은 작은 봉사와 큰 봉사를 구별하지 않지만 위선적인 섬김은 그것을 구별한다.
- 참다운 섬김은 숨겨진 채로 만족하지만 위선적인 섬김은 인간의 칭찬을 요구한다.

■ 참다운 섬김은 섬김의 대상을 고르지 않지만 위선적인 섬김은 대상을 고른다.

■ 위선적인 섬김은 기분에 의해 좌우되지만 참다운 섬김은 기분을 지배한다.

■ 위선적인 섬김은 공동체를 파괴하지만 진정한 섬김은 공동체를 세운다.

■ 참된 섬김은 멈춰 설 줄 알지만 위선적인 섬김은 멈춰 설 줄을 모른다.

6. 침묵훈련

영성이 자라기 위해 때로 침묵이 필요하다. 침묵은 단지 말을 하지 않는 것을 의미하지 않는다. 하나님께서 말씀하시는 것을 듣기 위해 내 입을 다무는 것이다. 주파수를 하나님께 맞추고, 공명하는 것이 침묵이다.

여러 종류의 침묵이 있다. 눈의 침묵이다. 나쁜 것, 남의 단점은 보지 않고, 좋은 점, 장점을 보는 것이 눈의 침묵이다. 귀의 침묵도 있다. 험담, 남을 비난하는 소리는 듣지 않고 가난하고 어려운 사람들의 소리를 듣는 것이 귀의 침묵이다. 혀의 침묵도 있다. 아무 의미도 없는 말, 상처 주는 말을 하지 않는 것이 혀의 침묵이다. 속단과 지성의 분요함에서 돌아서는 지성의 침묵과 시기하고 질투하는 마음의 침묵도 우리를 영적으로 성장케 하는 요인이 된다.

7. 하나님의 음성을 듣는 훈련

신앙생활의 처음과 끝은 하나님의 음성 듣기와 깊은 관계가 있다. 하나님의 음성은 어떻게 들려오는가? 우선, 사람의 목소리처럼 들려오지 않는다는 것을 기억하라. 그렇다면 어떻게 들려오는가? 성경말씀을 읽거나 설교말씀을 들을 때 감동된다거나 사건을 통해 음성을 들려주신다. 사탄의 소리나 내면의 소리를 하나님의 음성과 혼돈하지 말아야 한다.

memo

14 성숙한 그리스도인

1. 성숙이란 무엇인가?

성숙함이란 어떤 것인지 한 마디로 정의하기는 쉽지 않다. 심리학자들은 때로 건강한 성격으로, 생산적인 성품으로 규정짓기도 한다. 하지만 딱히 무어라 단정 짓기는 쉽지 않다. 성숙의 반대 개념인 미숙함도 그렇다. 다만 미숙함이 악함은 아니지만 미숙하면 좋지 못한 결과를 낸다는 것은 분명하다.

2003년 2월 18일 대구 지하철에 불이 붙은 사건이 발생했다. 간단히 진화될 수 있는 방화였는데 192명이나 되는 많은 인명이 희생되는 비극으로 이어졌다. 왜 그랬는가? 지하철 기관사가 키를 빼내어 도망가 버렸기 때문이었다. 키를 빼냄으로 인해 수동으로 작동하여 열릴 수 있던 문마저 닫히고 만 것이다. 기관사의 미숙함이 많은 인명의 희생으로 이어지고 말았다. 이렇듯 미숙은 악함은 아니지만 좋지 못한 결과를 불러온다.

미숙한 교인들로 인해 그리스도의 이름이 욕을 먹는 일이 있다. 그러므로 그리스도인들이 성숙해져야 한다. 성숙한 그리스도인이 많아질 때 그리스도의 향 내음은 온 누리에 번져갈 것이다.

2. 심리학적 성숙

성숙한 그리스도인에 대해 공부하기 전에 성숙한 삶에 대한 고든 올포트의 견해를 살펴보자. 그의 심리학적 견해가 우리가 살피고자 하는 개념에 더 가까이 갈 수 있도록 도와줄 것이다.

1) 자아감이 확장되어 있다.

2) 타인과 우호적인 관계를 맺을 수 있다.

3) 정서적으로 안정되어 있다.

4) 자신을 객관적으로 본다.

5) 기술과 연구과제가 있다.

6) 일관성이 있다.

3. 성경이 말하는 성숙한 사람

성경에서는 어떤 사람을 성숙한 사람이라 하는가? 에베소서 4:13-16을 읽어보자. "우리가 다 하나님의 아들을 믿는 것과 아는 일에 하나가 되어 온전한 사람을 이루어 그리스도의 장성한 분량이 충만한 데까지 이르리니?이는 우리가 이제부터 어린 아이가 되지 아니하여 사람의 속임수와 간사한 유혹에 빠져 온갖 교훈의 풍조에 밀려 요동하지 않게 하려 함이라 오직 사랑 안에서 참된 것을 하여 범사에 그에게까지 자랄지라 그는 머리니 곧 그리스도라 그에게서 온 몸이 각 마디를 통하여 도움을 받음으로 연결되고 결합되어 각 지체의 분량대로 역사하여 그 몸을 자라게 하며 사랑 안에서 스스로 세우느니라"

1) 믿는 것과 아는 것이 하나가 된 사람이다.

2) 그리스도의 장성한 분량에까지 이른 사람이다.

3) 어린 아이처럼 요동하지 않는 사람이다.

좀 더 풀어서 생각해보면 성숙한 사람은 그리스도를 믿을 뿐 아니라, 그 분이 어떤 분인지 아는 것과 깊은 관련이 있다는 것이다. 그리스도가 어떤 분인지 아는 사람은 어린 아이처럼 요동하지 않는다. 사람의 속임수와 유혹에 의해 흔들리지 않는다. 그리고 그리스도와 같은 삶을 살아간다. 그가 성숙한 사람이다.

4. 미숙한 삶을 살았던 사울왕

구약성경에 나오는 이스라엘의 초대 왕 사울은 매우 미숙한 사람이었다. 블레셋이 침공했을 때 위기에서 백성들을 건져낼 능력이 없었다. 다행이 소년 다윗이 나서서 골리앗을 죽이고 위기에 처한 나라를 건져냈다. 다행한 일이었다. 사울은 다윗에게 고맙다고 인사하고, 그를 중용해서 국가를 위해 헌신할 수 있게 해야 했다. 사울은 어떻게 했는가? 다윗이 백성들의 인기를 얻어 차기 왕이 될 것이라는 불안감 때문에 그를 죽이려고 했다. 국방을 튼튼히 하고 경제를 안정시켜 백성들이 편안하게 살게 해야 할 왕이 아직 소년에 불과한 젊은이를 잡아 죽이기 위해 온 나라를 뒤지고 다녔다. 참으로 미숙한 사람이 아닐 수 없었다. 기능도 성품도 모두 미숙했다. 그 한 사람으로 인해 많은 사람들이 불행한 생을 살아야 했다.

5. 성숙한 삶의 모델로서 그리스도

예수 그리스도는 33세의 나이에 십자가에 죽으셨다. 젊은 나이였다. 그러나 그 분의 성숙함은 타의 추종을 불허했다. 몇 가지만 살펴보자.

1) 가난하게 사셨으나 원망이 없었다.

2) 모든 것이 자신에게 달려 있다고 확신하고 최선을 다해 일했다.

3) 승부욕이 없었다.

4) 사랑하고 또 사랑하셨다.

5) 제자들을 끝가지 믿으셨다.

6) 어떤 상황에서도 절망하지 않았다.

7) 상처 입으셨으나 상처 입히지 않으셨다.

6. 성숙한 그리스도인

예수를 주로 믿는 사람들은 성숙해야 한다. 성숙한 그리스도인이 될 때 선한 열매와 좋은 결과를 낼 수 있다. 하나님은 그리스도인에게서 열매를 기대하신다. 좋은 열매를 기대하신다. 좋은 열매, 좋은 결과를 만들어내기 위해 미숙함을 박차고 일어나 성숙한 사람이 되도록 노력을 경주해야 한다. 그때 더 많은 사람이 우리로 인해 행복한 생을 살게 될 것이다.

memo

memo

memo

memo

참고도서

기독교 신앙의 기본진리	장경철	예영
문화읽기	장경철	두란노
구원과 치유	강기호	말씀과만남
내적 치유	강기호	말씀과만남
내적 치유와 성숙한 사람	강기호	말씀과만남
최고경영자 예수	로리 베스 존스	한언
주식회사 예수	로리 베스 존스	한언
기독교 조직신학	김균진	연세대출판부
구약성서의 인간학	볼프	분도출판사
아가페와 에로스	앤더스 니그렌	크리스챤다이제스트사
상한감정의 치유	데이빗 씨멘스	두란노
성인 아이	김만홍	가족사랑
목적이 이끄는 삶	릭 워렌	디모데
하나님의 나라	곽선희	계몽사
이 세대를 보라	곽선희	계몽사
예수의 잠언	곽선희	계몽사